成功するコミュニティの作り方

企業の成長・変革のための実践ガイド

黒須義一・酒井真弓・宮本佳歩 著

リックテレコム

注 意

1. 本書は万全を期して作成しておりますが、万一ご不審な点や誤り、記載漏れ等お気づきの点がありましたら、出版元まで書面にてご連絡ください。
2. 本書の記載内容は、2023年5月現在において知りうる範囲の情報です。本書に記載された情報の内容は、将来予告なしに変更される場合があります。

商標の扱い等について

1. 上記のほか、本書に記載されている商品名、サービス名、会社名、団体名、およびそれらのロゴマークは、各社または各団体の商標または登録商標である場合があります。
2. 本書では原則として、本文中において ™ マーク、® マーク等の表示を省略させていただきました。
3. 本書の本文中では日本法人の会社名を表記する際に、原則として「株式会社」等を省略した略称を記載しています。

はじめに

―――コミュニティ活動＝爪痕を残せ―――

コロナの経験を経て、現代日本経済の閉塞感は日々増していくばかりです。私たちは何のために働いているのでしょうか。

社会貢献のため？　自己実現のため？　家族のため？　夢のため？　生活のため？

筆者は、コミュニティ活動を「日々の生きる糧を確保しながら自分の居場所を見出すことで、社会に何かしらの生きた証を残していく活動」だと考えています。言い換えれば、社会に対してポジティブな爪痕を残すということです。

その爪痕は、仲間と力を合わせた方が大きいものとなります。仲間と一緒に、社会に何かしらの生きた証〈爪痕〉を残すこと、この仲間を見つけるという活動、仲間と一緒に何かを成し遂げるという活動、それがコミュニティ活動だと信じています。

読者の皆さまが、この書籍を通し先進的で独創的な「企業内コミュニティ」と「ユーザーコミュニティ」のノウハウを自らの企業へ投影し、吸収していっていただくことで、社会にポジティブな爪痕を残す活動の一助としていただければ幸いです。

執筆に至る経緯

2021年春頃、リックテレコムさんから、コミュニティをテーマにした書籍の執筆依頼をいただきました。折しも筆者がGoogle Cloud Japanにとって初めての公式ユーザーコミュニティ、Jagu'e'r（「ジャガー」と呼びます）〈Japan Google Cloud User Group for Enterprise〉を立ち上げ、半年が経過した位の頃で、その会員数が300社／1，000名を超え、日本のクラウド市場において一定のインパクトを出しているかな、と実感できてきた頃です。

「黒須さんのこれまでのコミュニティ立ち上げと運営の経験を書籍にしてみませんか？」リックテレコム社の蒲生さんから、そのようなメールをいただいたのを鮮明に覚えています。そのメールを受け取り、浮かんできた返信メールの内容は「私よりもコミュニティに詳しい人、長く携わっている人は他にたくさんいらっしゃいますから、ご紹介しますよ」でした。筆者自身はコミュニティ運営のプロフェッショナルでもなんでもなく、これまでイチ企業人として、その時々で所属していた会社のビジネスやDX（デジタルトランスフォーメーション）を推進するための手段としてコミュニティを立ち上げ運営、してきたものに過ぎません。世の中には様々なコミュニティの形態がありますし、それぞれが取り扱うテーマも自由ですから、読者のターゲット設定も非常に難しいのではと危惧していた部分もあります。

いろいろと思い悩んだ結果、筆者は、次に挙げる2種類のコミュニティに書籍のテーマを絞ることを条件に、執筆依頼を受けることにしました。この絞り込みにより、これから企業でコミュニティを始めようとしている人、コミュニティ運営で悩んでいる人、そしてコミュニティにどのような効果があるか訝《いぶか》しんでいる人へ、様々なノウハウを伝えることができるものと考えたからです。

本書のスコープ

本書で説明するコミュニティは次の二つです。

① 企業内コミュニティ　**企業がデジタル技術を活用し、DXを推進するため自社内のデジタル・スキルを醸成していくもの**

② ユーザーコミュニティ　**ITベンダーが自社製品・サービスのファンを醸成しビジネス拡大へ寄与していくもの**

もちろん世間一般で「コミュニティ」という言葉で定義されているものは、社会貢献や地域ボランティア、趣味のサークルなど多方面に無数に存在しています。それらについて、この書籍では言及しません。著者自身並びに共著者が経験として提供できる範囲に絞りつつではありますが、立ち上げと運営のノウハウや成功&失敗談、各企業のコミュニティ・オーナーの生の声も織り交ぜていくことにより、「コミュニティ」というものが持つ大きな意味や効果、参加する意義について、共通項としてしっかりとお伝えできるものと考えています。既にコミュニティを運営していたり参加している人も、必ず、参考になる内容・事例には出会えるでしょう。

筆者が現在運営している〈Jagu'e'r〉は前述した分類では②になり、例えば企業がITサービスの勉強会を社内限定で行ったりするものが①となります。

繰り返しになりますが、この二種類のコミュニティにフォーカスした理由は二つあります。一つは、筆者自身や共著者陣が、②のタイプのコミュニティのノウハウ・経験談をしっかりと提供できるからです。

二つ目の理由は、前述したJaguerで一緒に活動している各企業のＤＸリーダーの人たちがコミュニティ活動を上手くリードし、自社のＤＸを推進していく様を目の当たりにしており、その姿を広くお伝えしたいと考えたからです。

本書の効用

これは今更いうまでもないことですが、これからの日本企業には、デジタル技術を活用したＤＸの推進は不可欠です。本書で紹介する様々なコミュニティ・リーダーたちの活動の道標は、ＤＸを推進する一つの有効な手段として、後に続く企業の参考になることでしょう。彼らのコミュニティ活動は、様々な運営上の工夫がなされていて、自社内にとどまらず社外をも巻き込んだムーヴメントになっているところも少なくありません。

そこで本書では、その多くのノウハウやエッセンスを第5章で事例紹介という形で解説しました。そのパートの執筆には、ＤＸをテーマに様々なメディアで発信を続けている酒井真弓さんにお願いしました。この事例紹介のパートでは企業内やユーザーのコミュニティを実際に立ち上げ、運営に日々奔走しているコミュニティ・リーダーの方々へのインタビューから書き下ろした実像を掲載しています。

数々の事例企業エピソードの中から、ぜひ、ご自身の所属する企業組織に一番近しいプロファイルを見つけていただき、今後のＤＸ×コミュニティ活動に役立ててもらえれば筆者として望外の喜びです。

2023年4月吉日

著者代表　黒須義一

目次

第1章

コミュニティとは

1.1 「コミュニティ」の定義と日本における規模・変遷

本書を執筆するにあたり、一般的な「コミュニティ」の意味・定義を調査してみると、実はこれまで様々な研究がなされていることがわかりました。

その意味について調べると、およそ100以上のものがあるようです。

それらの原型とも目される定義も存在していて、

（1）一定地域内の人々であり、
（2）彼らの生活はこの地域内で完結し、
（3）その関心や利害が共通するところから一体感が抱かれ、生活様式にも一致した特徴が認められ、
（4）以上の属性が自然発生的に生成し相互に関連しあって一つの社会的実体を構成する

という場合をコミュニティと規定するもの、とされています。日々我々がデジタルの世界で良く用いるコミュニティという言葉、大小様々に存在する「コミュニティ」と呼ばれるものも、上記の定義に当てはまるところが多いように思います。

コミュニティの定義

ここでもう一度コミュニティの定義について、ビジネス視点を交えて、再度整理してみます。

(1) 同じ地域、同じ領域に生活や仕事の基盤がある
(2) その利害や興味関心が共通するところがある
(3) 企業におけるビジネス活動にも共通する様式がある
(4) 相互に関連し、情報交換していくことで自身並びに自社を高めたい志向を持っている

さらに、本書で論じていくDX×コミュニティ＝「企業内コミュニティ及びユーザーコミュニティ」も、右記で定義されたうちの一つの形態でありますが、ここで改めて次のように定義します。

「コミュニティとは、デジタル・ITにかかわる共通の目的意識をもとに、企業が提供する、自己研鑽《さん》や情報交換をするための仮想・物理的な場や集団をいう。」

図1のように、コミュニティの歴史を紐解いていくと、インターネットの普及とともに様々な形態へと進化してきました。個人ユーザーがオンライン上で情報発信することはどんどん簡単になり、ユーザーと企業のコミュニケーションも様々なツールにより補完されています。

企業は、過去よりも近距離になったユーザーといかにコミュニケーションを確立し、そのVOC（Voice of Customer）にスピーディに対応することができるかが問われます。

1987年
ニフティサーブ、サービス開始
世界最大のオンラインコミュニティだった米CompuServeの日本版。テーマ設定されたフォーラム（シャープ製のPCユーザー向けのフォーラムも存在）、フリートークエリアの掲示板などのコミュニティがあった
1996年
マグネットサービス開始
NTTデータとサンリオが共同で開設した子供向けコミュニティ。ゲーム、チャット、フォーラムなどで構成。後にブログサービスに移行するが、ターゲットを絞り込んだコミュニティサービスとしては黎明期を代表する存在
1998〜1999年
ヤフー掲示板、5ちゃんねる（旧2ちゃんねる）開設
オープンタイプの匿名掲示板が急速に拡大した
2000年
OKWAVEコミュニティが運用開始
誰もが参加し、誰もが回答できるQ&A方式のコミュニティ。後の企業向けサービスを開発、サポートに特化した「OKWAVE Plus」を展開中
2004年
Mixi設立／ブログの流行
日記機能からスタートし、コミュニティ、ゲームなどに拡大。企業の公式コミュニティも多数、存在。その直前にはアメブロなどのブログサービスが多数開始された
2010年前後
Twitter、Facebookの浸透
企業の公式アカウントも登場、現在では多くの企業が運用している
2012〜15年
ファンマーケティングの流行
既存顧客のロイヤルティを高める）ダブルファネル・マーケティングの一環としてオンライン／オフラインのコミュニティが多数登場
2020年
コロナ禍、Zoomなどが一気に普及
オンラインイベントを行う企業が急増。企業と顧客のコミュニケーションの在り方が変化した
企業のオウンドメディアとしての公式コミュニティが相次いで誕生
コカ・コーラパーク（2016年に終了）に代表される
BtoCメーカー、オラクル、マイクロソフトなどのIT企業など

図1　コミュニティの歴史
出典：『コールセンタージャパン　2022年8月号』リックテレコム刊

そのため、企業はコミュニティを運営したり参加することによって、ビジネス上の競争力を確保していくことが求められてきているのです。

コミュニティの分類とこれまでの変遷

日本では、これまで様々なＩＴのコミュニティが生まれてきました。本書でフォーカスするコミュニティは、図2のいずれの運用形態にも当てはまります。例えば次のようなものがあり実に多様性に富んでいます。

- 特定のＩＴのテーマに対して、個人で相互に勉強していくようなもの
- ベンダーが開催したイベントの内容をユーザー同士で再度学習などするもの
- 開催時間や性別、業種で区切ったもの（例：Python 女子放課後勉強会など）
- 「もくもく会」（図3）と称される実際にＩＴサービスを操作していくハンズオン形式のもの（例：ＩＴ系&誰でも参

提供主体	企業が自社のユーザー／ファン向けに提供		プラットフォーマー／個人	
目的／提供形態	サポート	ファン育成（ロイヤルティ向上）	掲示板、地域コミュニティなど、特定ジャンルについての参加者同士のコミュニケーションの場	オンラインサロン、YouTubeメンバーシップ
成功企業／サービス例	アドビサポートコミュニティ、キンコミ kintone user community（サイボウズ）、ローランド OKWAVE Plus、Apple サポートコミュニティ	エンゼルPLUS（森永製菓）、&KAGOME（カゴメ）、マニア区（そごう・西武）、IDEA PARK（無印良品）	ヤフー掲示板、スニーカーダンク、みんなの介護、CSHACKなど	西野亮廣エンタメ研究所、PROGRESS（中田敦彦）、本田健オンラインサロン
顧客／ユーザーの求めるゴール	質問者のゴールは問題解決 回答者のゴールは自分の知見による他者貢献、インセンティブ獲得	企業とのコミュニケーション、自分の意見を表明できる、ファン同士の対話、懸賞キャンペーンへの応募	1つの企業の製品にかぎらず、特定ジャンルについての意見・情報交換	有益な情報、スキルアップ
提供主体に期待される効果	呼量削減、コスト削減、不満解消、VOC収集、ペインポイントの抽出、自己解決向上（とくに呼量ボリュームの多いシニアに合致）	マーケティング、認知度向上、ロイヤルティ向上、売上向上（長期）、解約抑止、VOC収集、カスタマーサクセス	広告収入、市場活性化など	メンバーシップ収益
コミュニケーション主体	参加者が主体（基本的に企業は表立って介入しない）。メールアドレスなどによるユーザー登録必須のケースが大半	企業が主体となりコンテンツやオンライン／オフラインイベントを主催し、熱量を上げる。あくまでファンとのコミュニケーションをとるための場として、参加者を絞るケースが大半。中には選定する企業もある	無条件。誰もが参加できる。投稿にはメールアドレスによるユーザー認証などが必要	提供者（芸能人や実業家がよく知られる）
IT（一例）	OKWAVE、Khoros Communities、inSided Online Community Platform	commune、coorum	—	DMMプラットフォーム、Facebookのコミュニティ機能、noteのサークル機能など
形骸化の原因	・閲覧／質問／回答数の不足、減少 ・費用対効果が可視化できず社内からコスト削減を要請される	・設立時の目的設定ミス ・運用体制の変化 ・担当者の熱量が減る ・目的の違う人の乱入	—	—
有効なKPI	・PV数 ・費用対効果（質問数×解決想定率×1回あたりの想定コールセンター費用） ・はじめの回答がつくまでの時間 ・24時間以内に回答がつく割合 ・解決するまでの時間 ・解答がついた比率	・登録者数 ・アクティブ利用率 ・満足度 ・企業や製品への好感度のBefore/After ・NPS	—	—

図2　コミュニティの分類
出典：『コールセンタージャパン　2022年8月号』リックテレコム刊

加OK！もくもく会 朝活など）

これらの多くは、数多くの会合（ミートアップと称されることが多い）を開いており、その数は年々増加しています。「ConnpassIT勉強会カレンダー」[注1]のみから推定したものだけでも、2022年は年間で数千件の開催がされています。その他にも同様なプラットフォームは複数ありますから、それ以上の数が開催されていると言えるでしょう。

また、一方で、ミートアップを開催しないオンライン交流型のITコミュニティも数多く存在します。代表的なものとして、エンジニア向け情報共有コミュニティである「Qiita（キータ）」[注2]が挙げられます。このコミュニティでは、2022年10月時点で会員数が75万人を突破しています。

注1　https://connpass.com/calendar/
注2　https://qiita.com/

図3　もくもく会のイメージ

これらのことから、日本のIT・エンジニアコミュニティの盛り上がりは年々高まってきていると言えるのではないでしょうか。

オンラインとオフライン

コミュニティを取り巻く環境も大きく変化しました。近年では、コロナ禍という大きな変換点を経て、業務がオンライン化するとともに、オンライン型のコミュニティも多数生まれ運営され始めました（図4）。かくいう筆者が立ち上げたJagu'e'rもその一つで、2020年11月というコロナ禍真っ只中で設立したコミュニティです。コミュニティそのものの参加方法や運営方法にも、著しい変化が起きてきたことも見逃せないでしょう。

一方でこれまでオフライン、対面型を基本として運営されてきたコミュニティがコロナ禍を経てその勢いをなくしつつある、というケースも耳にします。コロナという環境変化を経験し、新たなITコミュニティの在り方が問われています。そこには次の2つの種類のコミュニティが混在することになりました。

A　コロナ禍以前からあるコミュニティで、対面、オフライン

図4　ミートアップ

B　コロナ禍で立ち上がったコミュニティで、オンラインがデフォルトのもの

これら二つは、同じITコミュニティでありながら全く違う生態系を持ちます。企業内コミュニティやユーザーコミュニティでも同様です。

Aでは、その集団にいる参加メンバーの意識がオフライン前提のため、急に訪れたオンラインへの変化に対する適応に時間がかかります。「今までオフラインで会って話すことがデフォルトだったので、オンラインではなかなか納得感のあるコミュニケーションができない」といった具合です。

一方Bでは、その集団にいる参加メンバーの意識は最初からオンラインでしかないので、コロナ禍が収束に向かい、オフラインのコミュニケーションが可能になった時点で、それはプラス要素でしかないわけです。**「今までオンラインで設計してきたのでコミュニケーションは問題ないけど、オフラインも可能になったら（オプショナルなものだけど）それはそれで楽しい」**といった具合です。

AとBでは、そのDNAが根本から異なるのです。これからの時代では、特にIT業界においては働く環境や嗜好《しこう》も多様性を増すことになるでしょう。コミュニティでは、柔軟性のある生態系を構築していくことが求められると考えます。

1.2
ＤＸを達成するための「コミュニティ」その特徴

本書で論じていくコミュニティは、企業がＤＸを達成するためのコミュニティであり、「デジタル・ＩＴにかかわる共通の目的意識をもとに、企業が提供する、自己研鑽《さん》や情報交換をするための仮想・物理的な場や集団」と定義しました。

コミュニティには、およそ次の2つの形態が存在します。

(1) デジタル技術を活用し、自社のＤＸを推進するため自社のデジタルスキルを醸成していくもの〈企業内コミュニティ〉と、

(2) ＩＴソリューション・ベンダー自らが自社製品・サービスのファンとともに友好的な関係を構築していくもの〈ユーザーコミュニティ〉

それぞれの特徴と目的について、整理していきたいと思います。

「企業内コミュニティ」の特徴

ＩＴ企業、非ＩＴ企業いずれも、主にデジタル・サービスを利用する側の企業が自らその企業内で運営して

いくものです。

それらの企業各々でのデジタルスキルの醸成や底上げを目的に、特定ＩＴ分野、サービスなどの勉強会等を実施します。大企業では部門同士の交流やベストプラクティスの横展開を目的に、成功事例の共有会も実施されます。

参加メンバーはデジタルスキルや知見の獲得に意欲的な人が多く、一部のリーダーにより自発的に組成されることがほとんどです。日本ではその組成に際して、コミュニティマネージャーをオフィシャルに役割定義している企業は少ないため、「自社のＤＸ推進にコミュニティが必要だ」と考える自発的なリーダーにより活動が開始されるのです。そのため自助活動の側面が強く、継続するための参加メンバーのモチベーションの維持や予算、活動時間の捻出などに課題を持っているコミュニティが多く存在します。

日本企業の悪しき習慣

日本はユーザー企業の中にデジタルのスキルや知見を持った人材が少ない国とも言われています。従来から外部のベンダーに依存し、システム開発や運用をアウトソースしてきた商習慣が、これには根強く影響しています。

自社の人材のデジタルスキルを底上げし、人材マーケットで競争力を高めるために高額な報酬を提示し、トレーニングや資格試験のコストを負担して育ててきた人材のプールを自社で維持していくというのは、従来型の商習慣を踏襲している日本企業であればあるほど、並大抵の変革努力では達成することができません。

まずは、自社内にこのようなコミュニティが存在する場合には、**しっかりとその支援を組織としてオフィシャルに建てつけること**、存在しない場合は**コミュニティマネージャーを役割として据え付け、組成していく**

ことがDX時代の競争力確保へ、実施すべき打ち手のひとつではないでしょうか。

「ユーザーコミュニティ」の特徴

デジタル・サービスを提供するITベンダーと言われる企業のユーザーがその対象です。既存ユーザー企業に対して、最新の情報を届けたり、ユーザーに情報（主に事例）を発信する場を提供したり、新規ユーザー企業を獲得するため、セミナーやイベントなどを実施したりするものです。ですが、ユーザーコミュニティはファンのエンゲージメントを維持することに用いられる主な手法の一つであり、既存ユーザーを向いていることがほとんどです。後者の案件リードを獲得するために行うようなセミナーやイベントは、主にマーケティング部門が営業部門と連携して実施していきます。

ユーザーコミュニティの特徴は、その組成に際して、**ほとんどがオフィシャルにコミュニティマネージャーが設置され、予算や体制も用意される**ことが挙げられます。そのため、コミュニティを運営する企業のビジネス色が色濃く出やすくなり、参加メンバーとの関係性維持や、参加メンバー同士でのオープンな情報交換、参加メンバーの自発的な行動による規模拡大に課題があります。

運用上の注意点

代理店、すなわちパートナー企業の担当者が参加するようなコミュニティの場合は、ユーザー企業担当者に対しての露骨なビジネス活動を行ってしまい、コミュニティ全体の活性を下げてしまうという例もあります。また、ユーザーコミュニティは、ともすれば「やりがい搾取[注3]」状態に陥ってしまうことも多々あります。

注3　「やりがい」を利用し労働を強いて利益を搾取する行為のこと。

「ユーザーのためのコミュニティだから」とか言って形式上の支援だけを行い、ユーザーの「やりがい（＝熱意）」を煽るだけ煽り、そこから得られたビジネスメリットだけを享受してきたベンダー側の担当者や主催者を、著者はこれまで多く見てきました。主催する側が予算や人的リソースをしっかりと提供し、参加者のWillを捉え、それを実現する仕組みを模索しながら一緒に育てていくことこそがユーザーコミュニティの本質です。それを経て、本質的な好意が集まるのです。ベンダー側にある「エゴ」しか見えなくなった時、ユーザーコミュニティは崩壊します。

ここで、ユーザーコミュニティの運用上の注意点を整理すると、次の通りになります。

- **パートナー企業の扱いを、あらかじめどうするのか決めておくこと。**
- **参加者に対して、やりがい搾取状態になっていないかモニタリングし修正していくこと。**

本書では、この2つのコミュニティの形式にフォーカスして論じていきます。

「（1）企業内コミュニティ」については、各ユーザー企業のコミュニティ・リーダーの人にその運営実態と設立への背景・ストーリーや、課題への対応方法などについて語ってもらいます（第5章参照）。

「（2）ユーザーコミュニティ」については、著者が運営しているGoogle Cloudの公式ユーザー会〈Jagu'e'r〉の実例や、やはり第5章の中で各ベンダー企業のコミュニティ・マネージャーの人から同様に語ってもらいます。それぞれの形態や企業、そのコミュニティごとの運営フェーズにより、語られる内容も様々かと思いますが、ぜひ参考にしてみてください。

1.3 「コミュニティ」の価値

既に本書を手に取っていただいている時点で、読者の皆さんの多くはコミュニティ活動に価値を見出し、その活動を開始、または開始を検討されている段階だろうと思います。では、コミュニティを運営したり、参加する価値、意義とはどのようなことなのでしょうか？

コミュニティ活動への〝あるある質問〟とそれに対するカウンターパンチ

例えば、皆さんがいちビジネスパーソンとして、組織の中でコミュニティ活動を推し進める上で、次のような問いかけを組織内から投げかけられる（た）ことはありませんか？

その1　何でコミュニティなんかやっているの？　で、結局のところいくら儲かるの？
その2　コミュニティ頑張ってるみたいだけど、本業はちゃんとやってるの？

企業に属するビジネスパーソンである以上、当たり前といえば当たり前の問いかけです。そして投げかけてくる側には悪気はなく、純粋に理解したいと思ってくれている段階で出てくることがほとんどです。ですから、しっかりと説明し、理解してもらえれば、以後のコミュニティ活動における心強い仲間となってもらえる

図5　カウンターパンチ

可能性は秘めているのです。

コミュニティ活動を推進していくというアクティビティが、周囲の社員に正当なビジネス活動の一環として認めてもらえないならば、それはいつまで経ってもアンダーグラウンドの活動でしかありません。その中で推進しているリーダーには、光が当たらず苦しく悲しいだけの世界が待っています。そうならないようコミュニティの価値を語る上で、このシーンへの現実解をイメージしながら、以降の説明を進めます。

ではこれらの質問に対して、きちんと説明していくための、筆者自身が実際に繰り出してきたカウンターパンチをここでは紹介しましょう（図5）。社内から反発やネガティブな意見が出てきて、コミュニティ・リーダーとして対応せざるを得なくなったとき、この整理が皆さんのお役に立つかもしれません。

では、一つずつカウンターパンチを当てていきたいと思います。

あるある質問その1　「コミュニティやっていて、結局いくら儲かるの（図6）？」

図6　なんぼ儲かります？

目的から考えてみる

まず、目的の面から考えてみます。

そもそも企業が運営するコミュニティはその企業が提供する製品やサービスを売るためのファンクションではなく、「企業内コミュニティ」であれば自身を高めたいという想い、「ユーザーコミュニティ」であれば製品やサービスの顧客を大事にしたいという想いがベースです。

ここまでの説明で納得してくれるなら良いのですが、なかなかそうもいきません。

コスト面から考えてみる

次に、コスト面から考えてみます。

例えば、「自社の製品やサービスに注意を惹きつけた状態を継続しアセットとして持つこと」は、どのくらいのコストが必要でしょうか？　ここでいう「コスト」とは、自社や自社のサービス、製品を紹介する広告を出したり、プロモーションイベントを企画

図７　好意と善意でコストを圧縮

したり、アンケートを実施しフィードバックを得たり、様々なことを実行するコストです。

通常は、マーケティングコストでそれらを負担し実行していくことと想像されますが、スケールすればするほどそのコストは膨大なものとなります。もし、その企業が既にコミュニティを運営していたとしたら、先ほどの顧客プールへのリテンション[注4]は既にできている状態なわけで、イベントの告知もすぐにできます。場のセッティングもコミュニティメンバーの協力を得て、場合によっては無料で実行することが可能です。加えて、多数のファンに向けて継続的に情報発信していくことによりフィードバックループを形成することが可能となります。自社製品やサービスの機能改善に最も重要な顧客の声をインタラクティブに収集できるツールに変化します。

我々が通常、自社の都合１００％で何かしら情報を外部に発信しようとするときには多くのコストがかかります。これは、**外部の誰かの時間や労働や行動をお金で買っているから**です。関係性が存在しない、好意や善意が存在しない関係性のなかで何かを行動してもらうためにはコストが必要なのです。

注４　「リテンション」とは、【retention】と書き、保持・維持といった意味です。人事で使う場合は、「人材の確保」、マーケティングで使われる場合は、「既存顧客維持」といった意味になります。

コミュニティではそうではありません。なぜならコミュニティに参加してくれている人々にはその企業やサービスに対する「好意や善意」が既に存在するからです。それらはコストを抑制してくれます（図7）。企業には、イノベーションを起こすために、そのパワーを増幅しなければなりません。そのために、他者と目的を共有する「好意と善意の輪」が必要なのです。前述した「やりがい搾取」ではない状態をキープしつつその輪を作ること、**ファンの方々の好意と善意をコスト柔軟性にしつつイノベーションのパワーに変えること、それがコミュニティ**なのです。

収益面から考えてみる

最後に、収益面で考えてみます。本当に「儲かる？」のでしょうか。

元来企業というものは、その展開する製品やサービスにより顧客が抱える課題を解決することでその対価を得ます。外部の誰かが自分の会社の提供するサービスや製品にお金を払うことにより、様々な便益（労働力や体験）を買う構図です。

コミュニティではどうでしょうか？　参加している人が、自らの会社で解決したい課題があるとしましょう。その場合お金を払ってコミュニティ内で支援を募るでしょうか？　いいえ。コミュニティでは、様々な企業に属する個人同士が、無償で自社のノウハウや事例を提供したり、課題を解決するヒントを交換しています。ベースとしてあるのはここでも、「好意と善意」です。コストは同様に変換されていて、コミュニティではコストとしてのお金の行き来がほとんど存在しません。

お金の行き来がコミュニティ内部に存在しないのですから、コミュニティ運営元の企業には**直接的に収益と**

して跳ね返ってくることもないのです。

むしろ、その「好意と善意の輪」を大きくすることで、マーケットにおける将来的な企業価値を上げていくことが、企業がコミュニティに期待すべきことなのです。

ここまでの説明で、もうわかりますよね？。

そう、「儲かるの？」と聞いてきた相手には、自信を持ってこう返してあげましょう。

「コミュニティではコストは好意に変換されます。それを活用することで、現在生じているマーケティングや販促のコストを、加速度的に下げていく効果が期待できます。」

本業や自社への貢献性から考えてみる

では次にこの質問にもカウンターパンチを合わせにいきます。

あるある質問その2　「コミュニティ活動、頑張っているみたいだけど、本業はちゃんとやっているの？」

コミュニティ活動は、組織内においては、往々にして業務外のアクティビティ（活動）と見られがちです。

筆者もこれまで3つの企業で4つのコミュニティを立ち上げ、運営してきましたが、そのどれもが「業務外」「本業以外」として見られてきました。その活動成果をいかにしっかりと伝えても理解が得られ難く、ましてや認めてもらうことは皆無に近いことは強く体感してきました。

直接的な収益貢献や、コスト削減効果は、一つめのカウンターパンチで説明した通り、コミュニティとお金には直接的な関係性がありませんから、「収益が出ました」という説明は困難になります。

そのような特性を持つコミュニティですから、自ずと短期的な視点であればあるほど、コミュニティのリーダーは本業そっちのけで遊んでいるような印象を持たれ、社内で肩身の狭い思いを抱くことになってしまいます。

ここでの対応パターンは2つあります。

・対応パターンその1：本業で誰にも認められる成果を出し続けること

コミュニティが本業として認められないのであれば、元からアサインされている業務、本業で結果を出していれば他に何をやっていても文句は言われませんよね、という少しコミュニティ活動にとってはネガティブなアプローチです。

・対応パターンその2：コミュニティ活動の必要性の説明をしっかりと整理し、本業との関わりをもって説明（提示）すること

本業に対してコミュニティ活動から得られる効果を可視化することです。例えば、前述した広告宣伝効果や、営業効果などです。しっかりと本業に貢献していることを定性的、定量的に説明していくアプローチです。

筆者の経験則と各企業の事例から考察すると、この2パターンの方法どちらかを選択すれば良い、という話ではなく、両方を組み合わせて各説明対象によって使い分けるのが効果が高いと言えます。

では、二つ目のカウンターパンチの回答例をここで挙げてみましょう。

・「コミュニティ活動により、技術者の育成が進みました。現在までに○○の資格者が○人となり、取得コストに換算すると○円です」

・「コミュニティ活動により、自社イベントへの登壇者確保が容易になりました。コミュニティの会員は基本無償で登壇してくれているため、マーケティングコスト換算だと○円の効果です」

・「コミュニティから自社のサービスにポジティブな内容でメディア発信が○件ありました。自社から広告記事として出す場合と比較して、○件で○円の効果に換算できます」

そもそも「本業」とは？

さてここで「本業とは何か」、を改めて考えてみましょう。

それは、会社から指示されている期待役割で設定された業務の項目でしょうか？　例えそうだとしたら、各社員がその役割（本業）のみを忠実に遂行していれば、果たしてその企業から画期的なイノベーションは生まれてくるものでしょうか？

実は「コミュニティ活動、頑張っているみたいだけど、本業はちゃんとやっているの？」という言葉の裏には、「本業をちゃんとやっていれば、それでいいのでしょうか?」が隠れています。その問いに対する答えのひとつになります。

筆者は、**「企業が興すイノベーションというものは、国や会社や部門や役割を超えてコラボレーションしていったその過程を経て出てきた産物である」**、と信じています。実際、世の中には、先人たちがそのような過程で作ってきたものが多数あります。例えば、鉄道会社がアミューズメントパークで成功したり、フイルム会社がヘルスケア事業に参画し成功したり、ITサービス会社が金融事業に参画し成功したりと、枚挙に暇がありません。少し調べれば、このような事例はたくさん出てくるでしょう。

未来に、そして世界に向けて、筆者たちもイチ・ビジネスパーソンとして、イノベーションを創出していくのであれば、コラボレーション、ひいてはボーダーを越えた活動が必須なのです。これは、企業内に限ったとしても、業務で成果を出していくためには部門間のコラボレーション(越境)が必須であることと同義です。いかに他者(他社)とボーダーレスに連携し、自らの殻を破ることができるのかが新しい自分(自社)を発見し、新しい価値を創出することにつながります。

もちろん、そうせずともイノベーションは興せるかもしれません。自社内に閉じ、自部門に閉じ、自分に閉じこもる。自社にノウハウを蓄積し、機密性の高い情報を守ることが大事だと言う人も確かにいるでしょう。

重要なのはそれら保守派をコントロールしつつも、他者(他社)とコラボレーションすることは、効率的な可能性を持っているということであり、何より楽しく、エキサイティングなことなのです。

実はコミュニティ活動は無意識にやっている

多様性が求められる時代に、企業にとってコミュニティを用いて他者の好意を集めていくことは、競争力を維持していくために非常に有効なことは前述しました。「コミュニティは売り上げに直結しない」だろうとか、「コミュニティ活動なんて仕事じゃないよ」とか言っている人たちには一言申し上げたいことがあります。「そんな皆さんも、実は日々の生活や日々の業務の中で、マイクロだけどコミュニティ活動の一つをしているんですよ」ということです。

例えば、営業担当であれば売り上げ目標を達成できるように担当先の偉い人や担当者とゴルフに行ったり飲みに行ったりして友好関係を築いていますよね。それは小さいながらも、コミュニティ活動そのものなのです。**他者の好意を集め、自らの仕事をブーストする**その活動、それはまさにコミュニティ活動の行動原理そのものと言えます。

ただし残念ながら、閉じた（クローズドな）世界でどれだけ友好関係を築いたとしても、好意の量はスケールしません。多様性も少なく、非常に限定的なコミュニティと言わざるを得ません。そのような発展性においては、筆者が思い描いているコミュニティ活動とは袂を分かつことになります。

プライベートの場面でもそうです。例えばパパ友やママ友、地域のつながりや趣味のつながりなど、そのようなものも一種のコミュニティ活動なのです。皆さんの生活をブーストさせるために友好関係を築くこと、コストを払わずとも何かしら一助を得ること、そのための関係性を作っていくこと、それもまさにコミュニティ活動なのです。

大切なことは、多様性、そして物理的な境界がなくなっているオンラインの時代において、どれだけ**柔軟性を備えた好意のネットワークを構築していけるのか**、ということです。この活動を拡大したものが、本書でテーマとする企業型のコミュニティ二つのタイプ、ということになります。

コミュニティ活動が無駄じゃないのか？と言ってくる人には、「あなたのやっているその行動、それもコミュニティ活動なんですよ」と優しく説明してあげると相互理解が深まるかもしれません。

ユーザー視点から考えてみる

ここまでは、運営側の視点でコミュニティの価値を示してきました。次に参加側としての視点で価値を整理したいと思います。

他社（他者）が運営するコミュニティへ参加する一般的なメリットは次のようなものが挙げられます。

（1）最先端のテクノロジーとビジネスの関係性を他社から学ぶことができる
（2）企業間のつながりを見出し、新たな自社の価値を見出すことができる
（3）自分自身の技術スキルを底上げすることができる
（4）他社の事例を参考にすることができる
（5）自社のＤＸ進捗度合いを客観的に推し量ることができる

コラム　コミュニティの外圧効果

コミュニティ活動からは、次のような副次的な効果が高確率で発生します。例えば、おおよそ次のような流れで外部のコミュニティへ参加したとします。

1 外部のコミュニティに参加した。積極的に情報を発信し続けた
2 コミュニティ主催のイベントなどで自社の取り組みや事例を発表した

すると、次のような効果が得られることがあります。

1 外部のコミュニティなので、そこで発信することで、自社以外の人へも自社の取り組みをアピールすることになる
2 情報を受け取った外部の人が、自社とその取り組みを紐づけて認知してくれる
3 他の場所で、自社の誰かにそのことを話してくれる。または人づてに社内の誰かに伝わっていく
4 自社の取り組みを初めて知った自社内の人が、取り組み内容とともに自分を認知してくれる
5 良き協力者として名乗り出てくれる

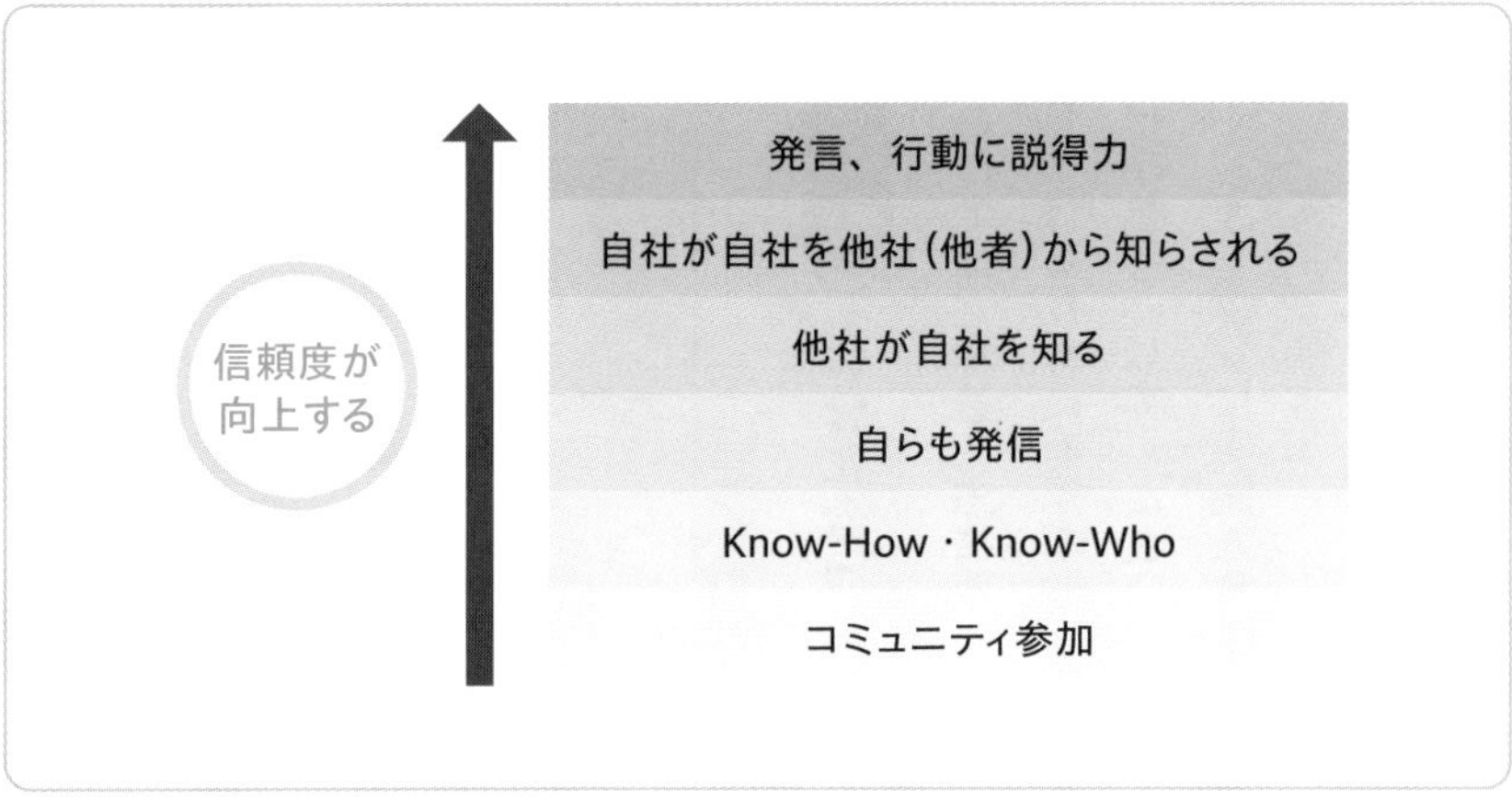
発言、行動に説得力
自社が自社を他社(他者)から知らされる
他社が自社を知る
自らも発信
Know-How・Know-Who
コミュニティ参加
信頼度が向上する

図8 コミュニティの外圧効果の流れ

この3〜4の間で自社の偉い人がキャッチしたときのパワーは絶大です。筆者も以前大企業で働いていたときに経験したことがあります。

当時、筆者は外部のコミュニティで本業についての成果発表を続けていたことがありました。その発信を聞いてくださっていた社外のある人が、筆者の会社の役員と個人的につながっていて、筆者の取り組みを報告してくれました。結果その役員には高く評価してもらい、筆者の本業におけるる強力なスポンサーとなったのです。そのスポンサーシップが、その後のDX活動に大いに後押しとなったことは言うまでもありません。

このように、自分が企業内コミュニティやユーザーコミュニティを立ち上げずとも、興味のあるコミュニティに積極的に参加、発信していくことにより自身の本業に好影響を及ぼす結果につながることもあるのです。これを「コミュニティの外圧効果」と個人的には呼んでいます（図8）。読者の皆さんも、ご自身の本業をブーストさせていくために、世界のあらゆるところに散らばっている数々のコミュニティからご自身に合ったものを見つけ出し、活用していただければと思います。

いかがでしたでしょうか？

ここまで読み進めていただいたら、コミュニティが企業のＤＸ達成に大きく寄与することや、ビジネスパーソンとしての成長にとっても大きい効果が期待できることを感じていただけたことと思います。

次章では、実際にコミュニティを立ち上げていくにあたってのポイントを解説していきます。

コラム　自分に合ったコミュニティを見つける情報源

ここでは、本書で主に取り扱っているITをテーマにしたコミュニティや、開催されている勉強会を見つけるために有用なサイトなどを紹介していきます（図9〜11）。

ぜひ参考にしてください。主に企業内クローズドな環境で実施されている企業内コミュニティではなく、オープンに実施されているユーザーコミュニティが主となります。

● **Connpass**
https://connpass.com/

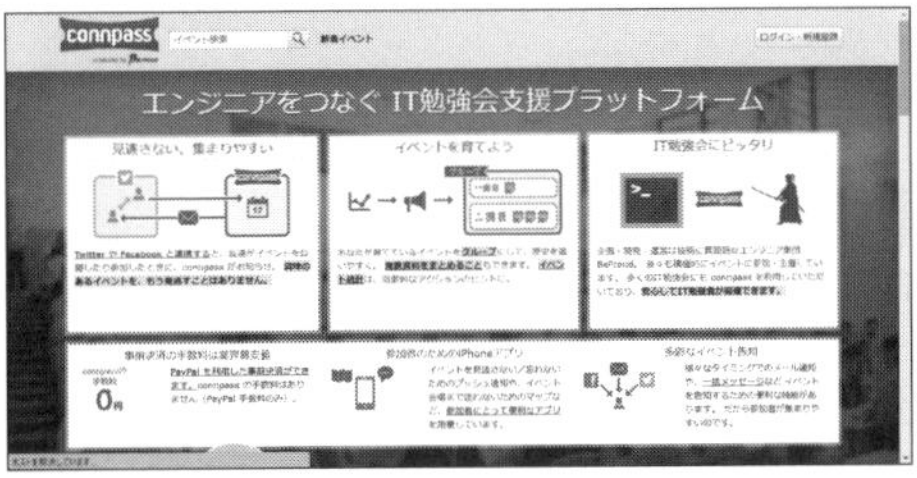

図9　Connpass のサイト
画像提供：Connpass

● **Doorkeeper**
https://www.doorkeeper.jp/

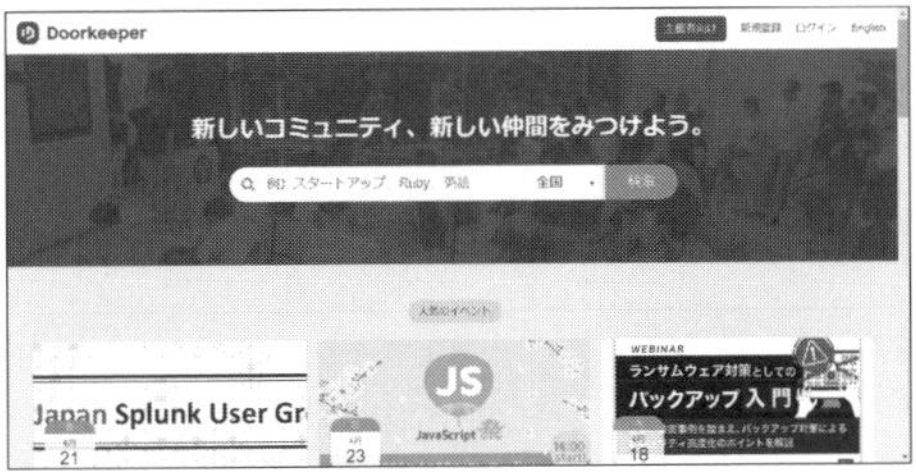

図10　Doorkeeper のサイト
画像提供：Doorkeeper

● **TECH PLAY**
https://techplay.jp/

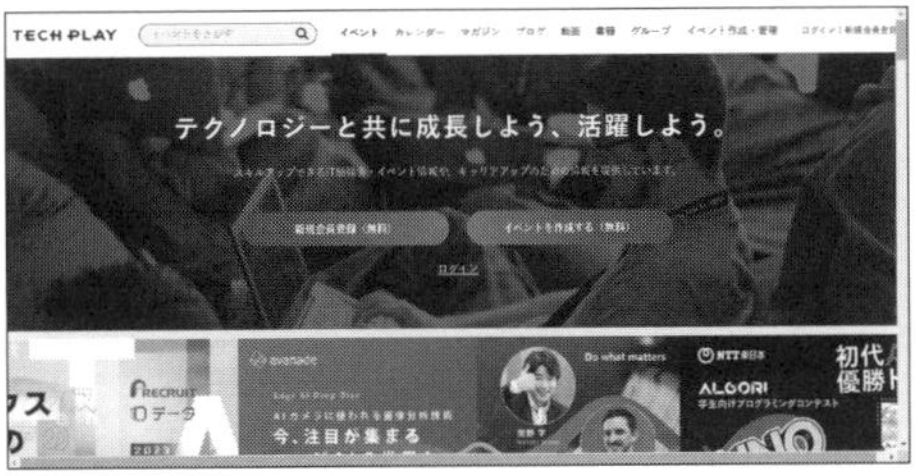

図11　TECH PLAY のサイト
画像提供：パーソルイノベーション株式会社
TECH PLAY

第2章

コミュニティ設立のポイント

2.1 「コミュニティ」を立ち上げる目的を設定する

本章では、筆者自身がこれまでのキャリアの中で立ち上げてきたコミュニティの成功事例や失敗事例も踏まえて、主にコミュニティの初期段階、いわゆるコミュニティの立ち上げ方についてのベスト・プラクティスを紹介します。

ここでは次のステップに沿って解説します。

(1) 目的を設定する
(2) 盛り込むポイントを整理する
(3) 役割(ロール)を設定する

前章で解説した通り、本書で解説するコミュニティには「企業内コミュニティ」と「ユーザーコミュニティ」の2つの種類があり、それぞれに目的があります。また、現在ではコロナ禍を経てオンラインベースでのコミュニティ運営が主流となってきています。ここでは、オンライン型のコミュニティ運営を中心に、そのポイントと進め方を示していきます。

コミュニティの目的 ―企業内コミュニティの場合―

まず、第1章で示した企業内コミュニティの特徴のサマリーを整理してみましょう。次の3点に集約されます。

- **デジタル・サービスを利用する側の企業の中で組織される**
- **参加メンバーの多くはデジタルスキルや知見の獲得に意欲的な人。一部のリーダーにより自発的に組成されることがほとんど**
- **自助活動の側面が強く、継続するための参加モチベーションの維持や予算の確保、活動時間の捻出などの課題を持っているコミュニティが多い**

DXを「自分ごと化」する

ここで、話題を少し変えて「企業内におけるDXマインドの醸成」について深掘りしたいと思います。既に読者の皆さんであれば、耳にタコができるほど聞かされていることでしょうが、DXとは、企業がテクノロジーを活用し、自社のビジネスモデルを変化に強いものに仕立て上げ、競争優位性を確立することです。要は強くなって外部環境の変化があっても生き残っていこう、ということです。

では、強くなるためには武器だけ良いものにすればよいでしょうか？　答えはNOです。強くなるためには、良い武器、良い戦略と戦術、良い使い手が必要です。先ほど「DXマインド」と簡単に書いてしまいましたが、これは自社の社員が、良い武器、戦略、戦術を活かせる良い使い手になることを意味します。良い戦略や戦術には最新のテクノロジーの活用が組み込まれているべきですし、良い使い手とはテクノロジーに精通した社員です。DXを推進したいと思う企業であれば、所属する社員が、**世の中に次々と生み出される最新テクノロジーに精通し、「他人事」ならぬ「自分ごと化」[注1]として自由自在に扱える能力を体得すること**を望むはずです。

そのための有効な手段の一つが、企業内コミュニティを活用することです。コミュニティを通じて、参加する社員は様々な機会を得ることができます。最新のテクノロジーに触れたり、他の社員からの学びを得たり、自身の業務へテクノロジーを取り入れたりと、「DXを自分ごと化する機会」を豊富に体験することになります。そして、オンラインベースでの業務が主流となってきている今、普段は物理的に離れた場所で業務をしている社員同士でもコミュニティを通じて交流を深めることにより、関わりをより強固なものにもしてくれるでしょう。

ここまでのことから、企業内コミュニティを設立する目的を考えると、次の3点が見えてきます。

(1) 自社社員のITスキル向上
(2) 適切な技術選択を可能とするスキルの育成
(3) 企業内におけるDXマインドの醸成

注1　古い言い回しでは、「自家薬籠中の物にする」などとも言います。

コミュニティの目的 ―ユーザーコミュニティの場合―

ユーザーコミュニティの特徴のサマリーについても整理しておきましょう。次の4つになります。

- **デジタル・サービスを提供するITベンダーが主体となって組織するユーザーのためのコミュニティ**
- **参加ユーザー企業同士でのオープンな情報交換が行われる場となる**
- **運営するIT企業のビジネス色が色濃く出やすくなり、メンバーとの関係性の維持、メンバーの自発的な行動による規模拡大に課題がある**
- **代理店（＝パートナー企業）からのメンバー参加については、コミュニティ全体の低活性化につながる危険性があるので要注意**

ユーザーコミュニティを運営する主体は、いわゆるＩＴ製品を主力とするメーカー、ベンダーです。ＤＸを志向するユーザー企業に対して、製品やサービスを販売したり、利用を促進したりすることで収益を上げています。

そのマーケティングチャネルの一つとして有効と考えられているのがユーザーコミュニティです。自社製品の最新情報を伝え、魅力を感じてもらい、ユーザー企業の担当者同士の情報共有により、さらなる利用を促すものです。クラウド化の浸透等により、ユーザー企業がＩＴ製品、サービスを乗り換える敷居は格段に低くなってしまいました。そのような状況下、メーカーやベンダーにとって、いかに顧客をつなぎ止めファン化し、長期間にわたる上顧客になってもらうか、これはＤＸ時代に生き残っていく（選び続けてもらう）ための至上命題となっています。

ここまでのことから、ユーザーコミュニティを設立する目的を考えると、次の４点が見えてきます。

（1）製品ファンの育成とフィードバックループの形成
（2）既存顧客とのリレーション構築
（3）新規顧客、新規ファンの獲得
（4）製品情報の速やかな伝達

事例からの考察

次に、筆者がこれまで立ち上げてきたコミュニティを例にし、立ち上げた背景や目的を振り返っていきたいと思います。

事例－1　ＦＸＣＤＰコミュニティ

＜コミュニティ概要＞
富士ゼロックス社[注2]における企業内コミュニティ

注２　現在は「富士フイルムビジネスイノベーション」という社名になっていますが、便宜上本書では、以降「富士ゼロックス社」という表記で統一します。

＜背景と経緯＞

ＦＸＣＤＰとは、Fuji Xerox Cloud Design Patternという造語の略称です。富士ゼロックス社の開発者がクラウドテクノロジーを学んだり、最適なクラウド・アーキテクチャの共有等を行うためのコミュニティとして、２０１５年頃に立ち上げました。当時、私はクラウドの利活用推進を社内で行っていましたが、もう一人の戦友とも言うべき人と一緒に、社内のクラウドノウハウ共有を志し、このコミュニティ立ち上げにチャレンジしました。

当時の富士ゼロックス社は、それまでの強固なビジネスモデル（複合機のリース販売とそこから発生するコピー、プリントのランニング収益）が、オフィスのペーパーレス化ムーブメントの台頭によりターニングポイントを迎えており、新たなサービスモデルの構築が求められていました。

様々なドキュメントソリューションが自社サービスとして開発され、販売されていましたが、ことプラットフォームの技術については、各部門所属の開発者たちが、独自にスキルを習得している状態でした。新たな共通プラットフォームとしてのクラウド基盤を社内に整備したことをきっかけに、各部門に散らばっていたクラウドの知見を結びつけようとした試みが、このコミュニティでした。クラウドを自社で利用している担当者を参加メンバーの対象としていましたので、典型的な企業内コミュニティの一例でした。

＜目的まとめ＞

クラウドを開発業務などで利用する各部門の担当者たちが情報交換をすることで、新たなイノベーションの着想を得る場をつくりたい。

事例-2　まだオ

＜コミュニティ概要＞

富士ゼロックス社における企業内コミュニティ

＜背景と経緯＞

「まだオ」とは、「まだオンプレミスで消耗してるの?」という、上から目線のやや挑戦的なセンテンスを略したものです。それだけ現場を変革したいという強い想いを表現したい、と当時考えていたことを覚えています。

富士ゼロックスは、顧客に複合機のみならず、IT環境としてサーバーやネットワーク機器も販売しており、システム開発も担ういわゆるSIerとしての側面も持ち合わせています。従来型のオンプレミスのサーバーなどを中心に販売し、顧客からクラウド型のIT基盤提案を求められた場合対応が難しい、という当時の富士ゼロックスの営業現場の課題がありました。

「まだオ」は、全国各地の営業リーダーの想いを受け、その課題に向き合い解決していくために立ち上げたコミュニティです。全国各地の営業やSEと日々SNSを中心にコミュニケーションしながら、クラウドや最新テクノロジーが持つ意味と顧客にとっての価値を議論していました。

このコミュニティを原動力に、実際にクラウドをインテグレーションするサービスが全国で展開され、社内の事例コンテストで国内最優秀賞を獲得するなどの成果がありました。コミュニティで共通の目的意識と議論の場を用意することができ、普段は部門、職種、地域などの距離があるなかで仕事をしている仲間たちのマインドを集約できたことが大きかったのではと思います。自社ビジネスへの活用、という意味でこれも企業内コミュニティの一例です。

＜目的まとめ＞

クラウドサービスをお客さまにきちんと説明し、売ることのできるナレッジを共有する場を提供し、販売した成功事例の共有などを通じて日本全国に散らばる販売会社のネットワークを強固なものにしたい。

事例−3　コクリエ

＜コミュニティ概要＞

みずほフィナンシャルグループにおける企業内コミュニティ

＜背景と経緯＞

「コクリエ」とは、Co-Creation（共創）を意味する造語です。みずほフィナンシャルグループ（以下、「みずほ」と表記）の全社員がテクノロジーを学び、自らの殻を破り、イノベーションのきっかけを掴む、という目標で活動する学び主体のコミュニティです。

当時のみずほは、次世代基幹システムＭＩＮＯＲＩの移行が最終段階を迎えていたこともあり、新たな金融サービスグループとして生まれ変わるとともに、デジタルを活用したビジネスの構築を目指していました。

それらの担い手となる、デジタルと金融ビジネススキル双方を併せ持つ人材の育成は、当然ながら大きな課題でした。しかしながら、みずほグループの中でデジタルを生業としている社員は多くありませんでした。筆者は当時の人事グループと協業し、デジタルへの興味関心は持ち合わせているものの実際の学びは実行していない社員を対象に、このコミュニティを立ち上げました。実は、前述した富士ゼロックス時代の戦友が、みずほにおいても戦友となっており（一緒に転職してきたのです）、彼とともに、再度コミュニティ立ち上げにチャレンジしたのです。

テクノロジーを生業とする外部の有識者を招いて講演会を実施したり、実際にクラウドサービスプロバイダーの協力を取り付けハンズオン大会を実施しました。みずほ内のコミュニティとしては最大規模に成長し、銀行員のテクノロジーに対する興味関心の度合いを高めることができました。テクノロジーを自社で利用する、自らの成長のために学ぶ、という意味で企業内コミュニティになります。

＜目的まとめ＞

テクノロジーという銀行員にとって距離感のあるテーマを幅広く学んでいくことにより、自社の殻、部門の殻、業種の殻、自分の殻を破るきっかけを掴む。

事例－4　Jagu'e'r

＜コミュニティ概要＞

グーグル・クラウド・ジャパンにおけるユーザーコミュニティ

＜背景と経緯＞

Jagu'e'rとは、Japan Google Cloud User Group for Enterpriseというセンテンスを略した造語です。「ジャガー」と読みます（図1）。筆者がGoogle Cloud Japanへ入社した2020年6月当時、国内においてGoogle

Cloud のユーザーによる自律的なコミュニティは存在していました。しかしながら、Google Cloud Japan がしっかりとサポートしているユーザーコミュニティは存在していませんでした。

日本のクラウド・マーケットで存在感を高めていくためには、コミュニティによるエコシステムの形成は不可欠です。ただし、「普段 Google Cloud を利用しているユーザー企業の担当者を集めただけの集団」では他のコミュニティと差別化が難しくなります。

そこで、パートナー企業の人たちを巻き込み、参加できるようにしました。パートナー企業とユーザー企業が垣根なくコミュニケーションし、つながれる場を提供することができたなら、日本のクラウド・マーケットにおいても存在感を出せると考えたからです。

多くの日本の企業は、クラウドを導入するものの、すべてを自社の社員だけでシステム開発できているケースは稀です。そこには SIer などの技術力を持ったパートナー企業の存在が、強く影響しています。したがって、日本におけるクラウドコミュニティは、**ユーザー企業とパートナー企業が混在するものであるべき**だと筆者は考えました。

図1　Jagu'e'r のロゴ

これは、筆者自身にとって初のチャレンジとなるユーザーコミュニティでした。

＜目的まとめ＞

Google Cloud のサービスが好きでたまらない人たちを、ユーザー企業／パートナー企業の垣根を越えてつなぐ、日本にまだない場を作りたい。新しい出会いの場を創出することで、Google

Cloudの新しい発見や、それを使う顧客のイノベーションのお手伝いをしたい。日本のクラウド・マーケットにおいてまだ認知されていないが素晴らしい活動をしているニューリーダーに光を当てたい。

このように、筆者の少しばかりの経験を振り返ってみても、前述したコミュニティ立ち上げの目的が反映されています。ここで少し振り返ってみましょう。企業内コミュニティ設立の目的は、次の3つになります。

(1) 自社社員のITスキル向上
(2) 適切な技術選択を可能とするスキルの育成
(3) 企業内におけるDXマインドの醸成

一方で、ユーザーコミュニティの場合は次のとおりになります。

(1) 製品ファンの育成とフィードバックループの形成
(2) 既存顧客とのリレーション構築
(3) 新規顧客、新規ファンの獲得
(4) 製品情報の速やかな伝達

これらの項目を参考に、皆さんのコミュニティ立ち上げの目的をセットしましょう。

2.2 「コミュニティ」立ち上げ期に盛り込むべき重要ポイント

ここまで4つのコミュニティを紹介しましたが、その中でも成功と言えるものと、そうでないものがあると筆者自身は思っています。これらの体験からコミュニティの成功／失敗を決める、立ち上げ時の重要ポイントがあることに気づきました。それは、次の6つのポイント（鉄則）を盛り込むことです。

①「越境」を目的要素として取り入れること
②レアなテーマ設定をすること
③参加メンバーが何かしらのギフトを得られること
④立ち上げ当初から自走までの熱量を設計すること
⑤コミュニティマネージャー（中心人物）の後継者を意識すること
⑥スポンサーを見つけ予算を確保すること

では、個々に説明していきましょう。

「越境」を目的要素として取り入れること

あまり意識されていないことかと思いますが、実はＤＸでは、いわゆる「企業内個人」がそれぞれ「越境」を意識して活動していくことが不可欠です。企業の枠、部門の枠、役割の枠、物理的ロケーションの枠など、様々な枠を飛び越えて情報をやり取りし、自社にとって最適なデジタルサービスを選択し競争力を高めていくことが求められるからです。企業内のリソースや知見、技術だけで、ＤＸを完遂させることは実は困難な道のりなのです。

そして「越境」という要素は、コミュニティ立ち上げの際にも大きな目的になります。現在はオンラインが主流ですから、様々なツールを利用することで、参加メンバーの地理的なハンデを解消することが比較的容易になります。開催場所をいちいち確保する手間も不要です。さらには、柔軟な開催時間の設定が可能になったことにより、従来のオフライン型コミュニティにはなかなか参加することのできなかった人たちも参加できるようもなっています。越境がしやすい時代に突入している、と言えるでしょう。ただし、部門間、異業種間に横たわるボーダーを乗り越える「越境」については、まだまだ一筋縄ではいきません。

ここでは、筆者自身が立ち上げてきたコミュニティの目的にどんな越境の要素が入っていたのか、を順に見ていきたいと思います。

まず、富士ゼロックス社では、日本全国に散らばる営業担当者の物理的な越境、マインドの越境、開発担当者の部門の越境というような要素が入っています。みずほフィナンシャルグループでは、みずほ銀行、みずほ信託銀行、みずほ証券のような業種間の越境、グループ社員同士の物理的な越境、マインドの越境という要素が入っています。そして、Jagu'e'r では、パートナー企業とユーザー企業のコミュニケーションの越境、スキル獲得のためのノウハウの越境というような要素が入っていました。

そもそもコミュニティですから、自然体で何も考えずに目的設定を行い、立ち上げたとしても「越境」という要素は当たり前に組み入れられているものかもしれません。この書籍を手に取っている人の中には、今まさに、コミュニティ立ち上げを企画している人も多いかと思います。「越境」の要素が立ち上げ目的に盛り込まれているか、ぜひ確認してみてください。そして、もし入っていないようであれば組み入れることを考えてみてください。

「越境」については、丸々一冊、越境について述べた、沢渡あまねさんの著作『新時代を生き抜く越境思考』[注3]が、コミュニティマネージャーにとっても有益な書籍だと思います。ぜひこちらも参考にしてみてください。

レアなテーマ設定を意識すること

そのコミュニティが持つべき活動テーマ、将来のゴールを設定しましょう。これは様々なシーンでコミュニティ運営、参加メンバーにとって拠り所となってくれる、コミュニティのビジョンです。コツは2つ以上の要素を組み合わせることです。

例 「金融業界に特化×テクノロジーを学び共有する」

例 「クラウドテクノロジー（ハイパースケーラーのクラウドサービス）にかかわる×人材を育成するためのノウハウを共有する。ともに学ぶ」

注3 『新時代を生き抜く越境思考 組織、肩書、場所、時間から自由になって成長する』技術評論社刊・2022年

そしてそのテーマが、あなたのビジネス領域でレアであることが重要です。「レア」とは「希少な」「珍しい」という意味ですが、決して「奇をてらいましょう」と言っているのではありません。

例えば企業内コミュニティを立ち上げることを目標にしたとして、「開発者」×「AI」とか、「マーケティング」×「テクノロジー」のような、ありきたりな掛け合わせのテーマ設定ですと、既に外部に存在していることが多々あります。同じようなテーマ設定されたコミュニティをわざわざ自社内で立ち上げて、参加メンバーを自社のメンバーに限る、ということをしたところでそのコミュニティはスケールしないでしょう。あるいは、そのようなテーマに普段から関心がある参加メンバーは、既に外部のコミュニティに個人として参加していたりするものです。

例えば、「開発者」×「eスポーツ」とか、「情シス」×「U30」といった異色のレアの組み合わせです。ユーザーコミュニティであれば、自社のプロダクトやサービスとどの要素を掛け合わせれば、唯一無二のコミュニティになるのか、をイメージすれば良いでしょう。時代に逆行する、「オフライン限定」のスタイルで運営するコミュニティなどはレア感が増すかもしれません。

筆者自身が立ち上げたコミュニティのテーマ設定は次の4つですが、やはりレアなテーマ設定ができていなかったところは、衰退、もしくは解体という結果になってしまいました。一方、レアなテーマ設定ができたところは、良い繁栄のループに入っているなと感じています。いかに「今までになかった！」を創り出せるのか、がコミュニティ立ち上げに関わる人たちの、初期段階における腕の見せ所だと言えるでしょう。

× 撤退・縮退したケース

①富士ゼロックス社「Fuji Xerox Cloud Design Pattern コミュニティ：FXCDPコミュニティ」

テーマ：「社内の開発担当者でハイパースケーラーの提供するクラウドサービスを使ったことがある」×「利用方法を共有する」約10名。1年経たずに閉鎖。

②富士ゼロックス社「まだオンプレで消耗してるの!? ※略称（まだオ）」

テーマ：「全国の営業担当者」×「クラウドサービスと顧客への提供価値を学ぶ」約150名。現状も存在するが、SNSグループでの低頻度なやり取りに留まっている。

○ 繁栄・拡大したケース

①みずほ「コクリエ」

テーマ：「銀行員×テクノロジーを学び自身の殻を破るきっかけを得る」700名ほど、立ち上げ後4年経った現在も後任メンバーが活発に活動中。みずほグループ全体のイベントにもコミュニティとして参加したり、クラウドベンダーと協業しハンズオン教育の事例なども外部に発表。

②グーグルクラウドジャパン「Jagu'e'r」

テーマ：「Google Cloud サービスを利用している × ユーザー企業担当者とパートナー企業担当者が様々な情報交換を通じて交流する」500社、2000名以上、1カ月に100名20社が新規で登録するほどの異例のスピードで成長中。分科会（支部）方式による活動テーマの細分化に成功し、分科会は2年で20を超える数まで拡大している。

参加メンバーが価値を感じられる環境を意識すること

この要素も外せません。そのコミュニティに入ってきてくれた人たちが、**コミュニティ活動を通して何を得ることができるのか**、を明確にしておくことです。これは運営側の行動指針設計にも以後大いに関わってきます。発起人や創設者が何かしらの理由で引退したのち、急速に衰退していってしまうコミュニティが多数ありますが、そこにはこの理念の部分がうまく引き継がれていないという原因が一つあるからではないでしょうか。

特にユーザーコミュニティでは、自社のプロダクトやサービスの売上に直結するような意識を持ってしまいがちです。そこをグッと堪えて**「まずギブ（give）してから。それ（売上などのビジネス貢献要素）は後からついてくる」**という余裕の構えで運営しましょう（なかなか難しいことですが）。

もちろん、ビジネスへの貢献度合いについては、コミュニティがどの程度貢献しているのかを定期的にレポートすることは必須です。筆者が発起人、オーナーを務めるJagu'e'rでは、特に売上などへの貢献度合いなどは問われていませんが、自主的にＫＰＩを設定し、達成度合いなどを社内に向けてレポーティングするように心がけています。

ただし、これはコミュニティがある程度の規模、認知度を獲得するようになって初めてデータを取得し分析をすることができるのであり、コミュニティ立ち上げの初期段階では、問われるべきポイントではありません。初期段階では、まず誰にとって嬉しいコミュニティで、参加することで何を得ることができるのか、この部分を練り上げ、実践していくことに注力するべきです。これは、コミュニティを手掛ける企業であれば、必ず持っていないといけない文化、共通認識ではないかと強く感じます。

もし、今所属している企業にそのような文化が根付いていない、雰囲気がないのであれば、まず理解者、仲間を増やすところから始めたほうがいいでしょう。あるいは、もしこの本を読んでいるのが、決裁権を持つマネジメント層の人であれば、どうかそのような壁で悩んでいる熱意を持った担当者に手を差し伸べてもらうことを切に希望いたします。

立ち上げ当初から自走までの熱量を設計すること

コミュニティは、参加メンバーによる自主的・自律的な運営が望ましいことはもちろんです。しかし、立ち上げの初期段階から参加メンバーにそれを求めても、それは酷というものです。ましてやこのオンライン時代です。一度もリアルで会ったことのない人たちが集まるわけですから。

あなたがコミュニティの発起人なのであれば、1~2年、もしくは数人のリーダーが育つ段階まで、支部や分科会レベルまで細かくサポートすることが肝要です。常に1to1で個別に接する、認知する心を持ちながら、1to多でスケールさせていく視野を持ち施策展開していくのが良いでしょう。

例えば、コミュニティの随所で次期リーダーを担えそうなメンバーを意識して見つけておき、その人との定期的なミーティングを持つなどです。そこからコミュニティ運営に有益なフィードバックを得つつ、汎用的でみんなが喜びそうな施策に転嫁させ実施することなどが有効になります。コミュニケーションプラットフォー

図2　次期リーダー候補を見つけておく

ムとしてSlackなどのツールを利用しているのであれば、貢献度合いが高い参加メンバーを細やかにメンションし、全体で課題となっている未処理のタスクを割り当てるなども良いでしょう。

あるいは、貢献してくれている参加メンバーをみんなから見える場所で称賛（Recognition）するなども良いでしょう。公の場で称賛されることで、当事者たちのコミュニティへの参加モチベーションは向上し、憧れも誘発します。次なるリーダーの発生を促すことにもなるでしょう（図2）。

いずれにせよ**オンラインベースで、容易に希薄な関係性になってしまいがちだからこそ、細やかなコミュニケーションを継続していくことが重要**です。

コミュニティマネージャーの後継者を意識すること

これは、立ち上げ初期段階ではなかなか意識しづらいことかと思います。しかし、コミュニティを運営していく以上は、いずれ必ず立ちはだかってくる壁となります。ですので、立ち上げを検討しているそばからではありますが、ぜひ考慮に入れつつ推進をしていってほしい、という思いがあります。

これは筆者の実体験ではありますが、筆者がその企業を退職してしまった後、衰退してしまったコミュニティが2件あります。要因は様々でしょうが、筆者の退職、脱退が一つの要因であることは確かです。そして、後継者を育成してこなかったことを大変悔やんでいます。せっかく作ることができたコミュニティを、その後も存続させていくためには後継者の存在、文化や運営ノウハウの継承は必須です。

強烈なリーダーシップを持った人が発起人として推進し、活気のあるコミュニティであればあるほど、そのリーダーが何かしらの理由から脱退したのち、適切、適格な後継者が不在であるという条件が揃ったコミュニティは、高確率で衰退の道をたどります。多数のコミュニティマネージャーと話をしていても必ずと言っていいほど出てくるのがこの後継者問題であり、多くのコミュニティでの共通課題ではないでしょうか。

筆者自身、ベストなソリューションはまだ見い出せていませんが、様々なソリューションをヒアリングベースで学びましたので、読者の皆さんのご参考までに、ここに列挙しておきます。

- **参加メンバーの中から次世代のリーダーを数人見定めておき、引き継いでいく**
- **社内フォロワーの中から次世代のリーダーを数人見定めておき、引き継いでいく**
- **リーダーの役割とタスクを Playbook（運営ガイド）のように詳細に言語化し、誰でも担える状態をつくる（社内外からの評価を得るために）一定規模の成長を完了したコミュニティをマネジメント（Own）したい周囲のメンバーに引き継ぐ**
- **外部の別コミュニティと連結、合併することで運営を引き継ぐ**

スポンサーを見つけ予算を確保すること

最後の要素ですが、こちらも不可欠なもの、「活動のための予算と後ろ盾となるマネジメント層（スポンサー）」です。「レアなテーマ設定を意識すること」でも少し触れましたが、予算を獲得するためには、そのコミュニティが誰のための何を得ることができるものなのかを示す必要があります。立ち上げ後ある程度の期間を経てからは、ビジネスへの貢献度合いを納得感のある形で示していくことも求められるでしょう。立ち上げ期であればそれは推測の域を出ませんし、立ち上げ後一定の期間が経過しているコミュニティであれば「当初言っていたことができているのか」という観点でレポーティングすることになります。

一方、予算獲得に失敗し、無一文もしくは雀の涙程度の部門予算で細々とやっていくしかない状況に陥ったとしても、上記に述べたレポーティングの観点は常に持ち続け、いずれやってくる予算獲得のチャンスに活かすべきでしょう。予算（＝お金）が付いている、ということは、単なる活動資金がある、ということではなく、そのコミュニティが所属企業の戦略上必要なものとしてオフィシャルに認められている＝組織として本気で取り組んでいることやしっかりとしたマネジメント層の理解があることと同義です。コミュニティに日々貢献してくれている社内外のメンバーのモチベーションにも深く影響していきます。

したがって、予算の獲得にまつわる各種活動は、初期段階から継続的に取り組んでいくべきコミュニティマネージャーの必須タスクと言えます。また、オフラインよりもオンラインの運営比率が高ければ高いほど、その費用は抑えることが可能です。イベントのための会場や設備費用、懇親会費用などが不要となるからです。ただしこれからは、オンラインが基本だが、たまにはオフラインも、ということも考慮に入れていくべきでしょう。ハイブリッド型の運営形態は、これからのコミュニティ運営の主流になっていくと考えられますので、その実行比率を考慮し、予算獲得の際は考慮に入れておきましょう。

2.3 「コミュニティ」の立ち上げ期における役割設計

あなたがコミュニティを立ち上げる、という決断をし、目的が定まったのであれば、そのコミュニティの必要最低限の機能と、〝あったらいいな（オプショナルな）〟の機能を洗い出しましょう。そして、それらを担ってくれる仲間がどのくらい必要なのかを想定し、協力を募りましょう。

これは企業内コミュニティ、ユーザーコミュニティそれぞれに共通する事項であり、初期段階で明確にイメージを持っておくべきことです。「何に協力が必要か」＝「何が足りていないのか」を知ることで、自分たち（自社）に現時点で不足している要素を早期に発見することができます。また、初期のコミュニティの機能分解は、そのコミュニティの行動指針や未来の姿を想定することにもつながります。そもそも、それだけのイメージアップができない段階で闇雲に立ち上げただけのコミュニティになってしまうと、その後の運営に少なからず支障が出てきてしまうでしょう。

本節では、参考までにJagu'e'rの立ち上げ時にセットした主な役割と目的について列挙していきます。そのすべてが皆さんのコミュニティに必須、というわけではなく、必要に応じて徐々に揃えていくでも良いですし、不必要なロールは設置しなくともＯＫです。ぜひ、皆さんのコミュニティ立ち上げ時の参考にしてみてください。

立ち上げ期にセットした役割（ロール）　―Jagu'e'r の場合―

ここでは、Jagu'e'r の立ち上げ期にセットした5つのロールを紹介します（図3）。

1 発起人
2 アンバサダー
3 コミッティメンバー（理事）
4 スポンサー
5 フォロワー

なお、運営が安定した拡大期以降についてのロールは若干変わります。それについては、第3章で後述します。

1 発起人

Jagu'e'r 発足を企図した発起人は、2名でした。Google Cloud のプリンシパル・アーキテクトである浅沼勉氏とパートナーデベロップメントマネージャーの黒須（筆者）です。現在も2人オーナーとして、Google Cloud 側での各種調整などを実施しています。

少しさかのぼりますと、Jagu'e'r 以外で筆者が立ち上げてきたコミュニティもすべて2名以上の発起人でし

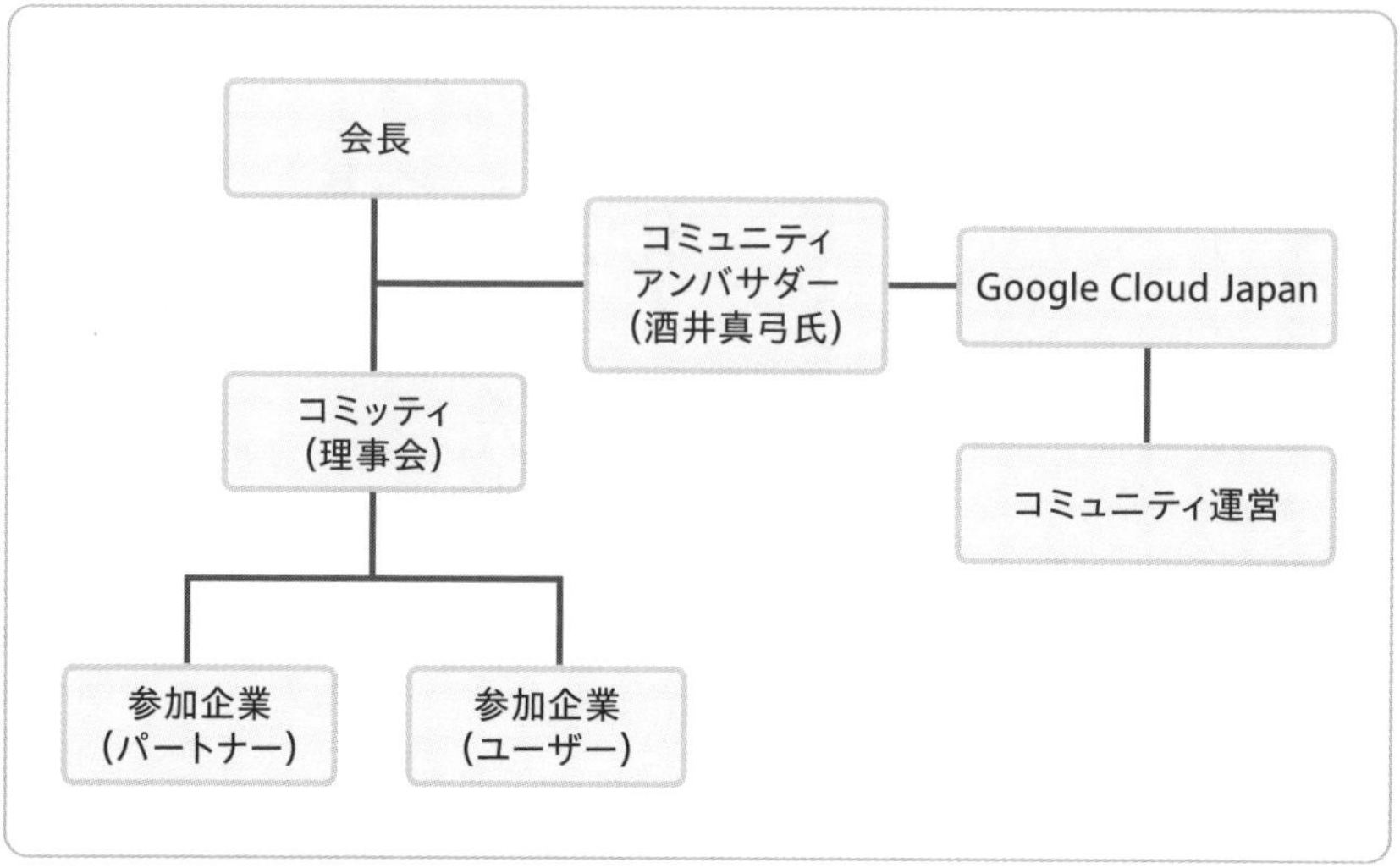

図3　Jagu'e'r の組織構成

た。筆者の経験上、**発起人は2名程度がベスト**、状況に応じて4名までが許容範囲と考えます。それ以上の人数になると、迅速な意思決定に支障をきたします。状況を速やかに共有しつつ、**課題の解決策を相談、決定していく事のできる存在が、〝同一レベルで複数名いる〟**ということが非常に大きな意味を持ちます。

もちろん「発起人一人」という選択肢もありますが、コミュニティは、得てして立ち上げたオーナーが〝唯一無二の存在〟のようになってしまいます。その威光にメンバーが依存してしまったり、解決策を議論する場合も発起人の声が大きくなり、メンバーが引きずられがちにもなるでしょう。複数名体制とすることで、そのような偏重を分散することができます。また発起人の軌道修正や、冗長化も担ってくれます。また、コミュニティ立ち上げはヘビーな仕事ですので、傍らにいつも相談できるパートナー(戦友)がいるということは、発起人当人にとっても大きな心の支えとなっていくものです。

2 アンバサダー

アンバサダー[注4]の意味は、英語で「大使」のことです。公式、非公式問わずにブランド、商品、イベントなどを無償で宣伝広告する人。ここから転じて、公式に対価を得て同じような役割をする有名人もアンバサダーと呼ばれます。

Jagu'e'r の場合、アンバサダーには、ノンフィクションライターの酒井真弓さんに就いてもらっています。

我々が発足当初から Jagu'e'r アンバサダーを設置した理由は、次の通りです。

- **Jagu'e'r の文化や魅力を広く社会に伝えていく役割を担ってほしい**
- **アイコニック（象徴）な存在として Jagu'e'r に関わってもらうことにより、Jagu'e'r のブランドイメージを確立したい**
- **Google Cloud Japan の社員が表に立つのではなく、外部のアンバサダーを擁立することで、ユーザーコミュニティ特有の営業色を薄め、ユーザーとパートナーの参加ハードルを下げたい**

酒井さんは、Jagu'e'r 発足当時、既に書籍『ルポ 日本のＤＸ最前線』[注5]を出版していました。この書籍には日本のＤＸを推進している「ニューリーダー」にスポットライトを当てることで日本を元気にしたい、というコンセプトが盛り込まれており、それは我々発起人の想いとも共通していました。

酒井さんには、年２回の全体総会である Jagu'e'r Park（春と冬に年２回開催）での総合司会や、各種イベントでの登壇をお願いしていますが、一方で自主的に Jagu'e'r の中から次世代のＤＸリーダーとなりうる人材を

注４ Ambassador
注５ 『ルポ 日本のＤＸ最前線』集英社インターナショナル刊・2021年

タイトル	URL	概要
KDDIのクラウド活用、「導入すれども機能せず」の壁をどう乗り越えたか	https://diamond.jp/articles/-/296292	2020年にクラウド活用を推進する専門組織（CCoE）を設立したKDDI。活用に向けて乗り越えた壁、成果、今後の課題をリーダーが語る。
大日本印刷「DX化」の立役者、クラウドを現場に根付かせた専門チームとは？	https://diamond.jp/articles/-/294982	いち早くCCoEを立ち上げ、成果を上げた成果を上げたDNP社のレポート。
クラウド活用企業が続々と立ち上げる組織「CCoE」とは？成功例・失敗例から見る機能と役割	https://www.itmedia.co.jp/news/articles/2203/07/news022.html	クラウド活用のための企業内専門チーム、CCoE（Cloud Center of Excellence）の重要性を解説。
富士フイルムBI、たった2人のクラウド推進チームをサービス部門に置いた理由	https://diamond.jp/articles/-/308833	富士フイルムBIが目指す、クラウドを活用したグローバルな事業展開に向けたITインフラの変革のレポート。
アプリ開発部隊は平均年齢50歳！福岡・老舗菓子メーカー「風月フーズ」のDX挑戦記	https://diamond.jp/articles/-/317732	老舗菓子メーカーがGoogle Workspaceとノーコード開発により業務効率化に成功した事例のルポルタージュ。
警察官から"転生"したら一流エンジニアになれた件、「IT資格23冠」の独学法	https://diamond.jp/articles/-/305134	元警察官が獲得したトップエンジニアのクラウド認定資格と学び方を紹介。

図4　Jagu'e'rのメンバーが関わったWeb記事の一例

発掘し、その活躍を記事にまとめてもらってもいます（図4）。本書もそうですが、Jagu'e'rのリーダーたちと一緒に書籍を作り上げる、というのもアウトプットファーストを推進していく上でメンバーのモチベーションを高く保つ良いアクティビティとなっています。

このように、単に象徴的な存在としてコミュニティを盛り上げたり、外部のSNSで告知を打ったりするだけがアンバサダーの役割ではありません。そのコミュニティで活躍する多様な人材の特性を可能な限り把握し、適材適所でプロモーションしていくことも期待したい役割です。これはメンバーのコミュニティへの参加モチベーションを高く維持するためにも必要な要素になるでしょう。

3 コミッティメンバー（理事）

コミッティは、そのコミュニティの「中央決定機関」です。コミュニティには決定していかなければならないことが、日々たくさん出てきます。その「決めなければならないこと」たちをそれぞれ分類すると、

- コミュニティの全体運営に関わること
- コミュニティの分科会（支部）などのクローズドな課題

となります。いずれの課題も、速やかに意思決定をするのがセオリーです。意思決定を円滑に行うための少人数のグループをコミッティと言います。コミッティメンバーには、その業界における著名人を揃えるのでも良いですし、意思決定を担ってもらえそうな、アウトプットに長けた人をアサインする形でも良いでしょう。

コミッティメンバーは、10名以下程度の人員でリクルーティングしていきます。リクルーティングの方法は、個別に実施するのがベターです。あらかじめ発起人とアンバサダーによりコミュニティの方向性を確認し、どのような人材がコミッティとしてふさわしいのかをもとに選定します。その選定した結果に対して個別にリクルーティングしていくイメージです。Jagu'e'r は Google Cloud のユーザー会ですので、コミッティは Google Cloud のユーザー企業とパートナー企業からバランスよく選定しました（図5）。

リクルーティングする際には、個別のコミッティ候補にそれぞれ、始めようとしているコミュニティの内

LIXIL Link to Good Living　DNP 大日本印刷　YAMAHA　CASIO　Tomorrow, Together KDDI
NRI　Cloud Ace　Deloitte. デロイト トーマツ　Groovenauts

図 5　Jagu'e'r のコミッティメンバー（2023 年 5 月現在）

容、規模、方針、目的、運営方法や体制などを説明します。理解が得られ、想定通りの人数が集まったらコミッティメンバーの顔合わせをし、「中央決定機関」であることを認知してもらいます。その後は定期的に会合を開き、顕在化した課題を十分に協議し、意思決定していきます。

参加企業、参加メンバーから選定されたコミッティメンバーで中央意思を決定する機関を構成するということは、発起人やアンバサダーといった少人数の意思決定に偏らないようにするだけではなく、「コミュニティは参加メンバーのもの」という大前提を守ることにもつながります。また、コミッティには任期を設け、固定化しないような運営することも肝要です。Jagu'e'r のコミッティメンバーの任期は2年、としています。

4　スポンサー

コミュニティをスムーズに運営し、価値を生み出し続け、運営を継続していくためには、スポンサーの存在と予算の獲得は不可欠です。Jagu'e'r の場合は、立ち上げ初期段階から、エグゼクティブスポンサーとして Google Cloud Japan 上級執行役員カスタマーエンジニアリング担当の小池裕幸氏に就任してもらいました。また、執行役員 マーケティング本部 ディレクターの根来香里氏、上級執行役員 パートナー事業本部の石積尚幸氏など、上層部の幹部の皆さんに、個別に説明の時間を設け丁寧に進めてきました。結果、各方面での理解を獲得し、活動に十分な予算を確保できている状況です。

言うまでもないことですが、**運用コストは重要**です。社内コミュニティであれば社員が集合し懇親したり、学びの場やツールを利用するためのコストが必要です。社外コミュニティであれば参加メンバーが利用する共通プラットフォームを整備したりイベント開催のためのコストなどが必要となってきます。

Jagu'e'rでは、これらのコストとは別に、外部のマーケティングパートナー企業にJagu'e'rの運営のお手伝いを頂いています。日々の登録作業などのオペレーション全般をアウトソースすることで、非常に効率的な運営が実現できています。これらのコストを賄うための予算は、早期に目処をつけておくことが重要と言えるでしょう。予算獲得にまつわる各種ＫＰＩのセットなどについては後述します。

5 フォロワー

発起人、アンバサダー、コミッティ、スポンサーと揃いました。いよいよコミュニティが始動していきます。さて、ここでもう一つ、重要な役割を担ってくれる人たちがいます。フォロワーです。筆者はこの人たちも非常に重要であり、かつ、初期段階から確保できていれば初動が素晴らしいものになると確信しています。発起人やコミッティ、アンバサダーをリーダーとするならば、フォロワーはその後に続いてくれて、コミュニティ運営を後ろから支えてくれる存在、といえます。Jagu'e'rの場合、プリンシパル・アーキテクトの猪原茂和氏や、パートナーエンジニアリング技術本部長の坂井俊介氏、シニアアカウントエンジニアの千田麻理子氏、パートナーエンジニアの上田佳典氏など、多数のGoogle Cloud Japan社員がフォロワーとして参画しています。初期段階から様々な意見を投げかけて貰ったり、サポートして貰っています。

フォロワーは何人いても構わない、というのが筆者の所感です。**フォロワーの存在が、まだ何者かわからない認知の低い状態のコミュニティを急速に離陸させていく原動力**となります。例えばJagu'e'rの分科会は現在では24個[注6]あります。その多くは、初期段階で彼ら彼女らのようなフォロワーのリーダーシップによる、立ち上げの過程を経ています。

現在では既にGoogle Cloud Japan社員の手を離れていて、自律的なメンバーでの運営に移行している分科会が多数ありますが、分科会の立ち上げ初期段階では、どうしてもメンバーに対するフォローが不十分になることもありました。立ち上げたばかりの時期は、コミュニティの雰囲気や文化が根付いていないこともあり、参加メンバーが戸惑うことも多いものです。その雰囲気の中で、コミュニティをうまく回すには、まずは運営企業側で主体的に動くフォロワーの存在が重要となります。なお、本書の執筆時点では、Google Cloud Japan社員のフォロワーは100名以上となっています。

〈コラム〉これだけはNG！　―フォロワーは善意の人である―

社内でフォロワーを集めることが重要だというお話しをしました。この集め方について少し補足をしていきます。まずコミュニティの方針や目的などを発起人とアンバサダーで決め、企画書に落とし込み、スポンサーを獲得しコミッティを集め、コミュニティ発足の目処がたった段階で、社内で協力者＝フォロワーの募集をするイメージです。その際、やってはいけないアンチパターンがあります。

注6　2023年3月現在

・**上意下達で任命する**

例えば、企業の社長などトップ層から全体に向けて「各部門から一名を選出せよ」とアナウンスをするような選出の仕方です。これは一見効率的にフォロワーを集めることにつながりそうですが、集まったあとの貢献はそれほど期待できません。**フォロワーになってもらうためには、そのコミュニティの存在哲学（ビジョン）に共感する**ということが不可欠だからです。参画モチベーションを少しずつでも醸成していくことを、発起人とアンバサダーは実行していくべきでしょう。そのためには、有効そうな人たちへの個別の説明時間を設けるなど、手間暇を惜しまないのが肝要です。この労力は、しっかりとした基盤を築くことに必ずつながっていきます。少し話が逸れますが、上司が部下にさも良いアイディアが出たというふうにタスクを半ば強制的に割り当てる事がよくあります。この場合前述した「モチベーションを醸成する」という努力が抜けているため、部下はやらされ仕事として請け負うこととなってしまうのです。コミュニティに関わらず、ビジネスをしていく企業人としては必ず押さえておきたい観点だと筆者は信じています。

・**一度参画したら最後、定例ミーティングなどへの出席を必須にする**

これは、「一度フォロワーとしてコミュニティ運営に関わった人たちを、強く過剰にホールドするべからず」という意味です。発起人やアンバサダーにとってはフォロワーはとても大切な存在で、多ければ多いほど助かるものです。ただし、その活動に義務感を背負わせるものにしてはいけません。

あくまで**善意の下で、集まってきてくれていることを忘れない**でください。彼ら彼女らには本業としての業務が必ず存在し、その多忙さにも濃淡があることを理解し、適切な協力関係を維持していくべきです。「週一回の定例ミーティングには必ず出席すること」というような枷をつくってしまったら、フォロワーの人たちにとっていずれ重荷となる瞬間が訪れます。

コミュニティにとっての適切な関係とは、「いつでも参加できる」「いつでも離脱できる」ことです。辛い時、辛い瞬間にホッと一息つける場所として存在することも、フォロワーのモチベーション維持につながります。その雰囲気の醸成はもちろん、仕組みとしても柔軟に対応できていくことが望ましいでしょう。気軽に「手伝ってみたい」と言ってくれる人たちをどれだけ社内に増やすことができるか、それがその後のコミュニティ運営の大きな力となっていきます。

2.4 立ち上げ期における機能設計 ―必要なプロセスとツールの利用―

いよいよ立ち上げの全体像が見えてきました。前段まで説明した事項が〝ソフト面〟であれば、これから説明する事項は〝ハード面〟となります。それぞれのロール（役割）に適切な人材をアサインできたとして、その後活動していくにあたっての目標数値や、活動場所、必要最低限のツールなどを整備していかなくてはなりません。ここでも、Jagu'e'r の立ち上げ時にセットした主な機能と要素を例に取り解説していきます。

ここでは次の項目に沿って説明します。

(1) KPIやOKRなどの目標を設定する
(2) 予算を確保するためのアウトプットイメージをつくる
(3) コミュニケーション導線を設計してみる
(4) コミュニケーション導線を具現化するツールを準備する
(5) 「行動規範」を用意する
(6) 参加メンバーを守る「会則」を定める

ＫＰＩやＯＫＲなどの目標を設定する

まず、ＫＰＩやＯＫＲといった数値化できる目標を設定しましょう。

ＫＰＩ（Key Performance Indicator）とは、「重要業績評価指標」です。目標を達成するプロセスでの達成度合いを計測したり、監視したりするために置く定量的な指標を意味します。そして、ＯＫＲとは、目標管理フレームワークの一つで、Objective（目標）＆ Key Results（主要な成果）の略称です。Objectiveは、決められた数値ではなく、なりたい姿・状態を言葉にした目標です。Key ResultsはObjectiveで設定した目標がどのような数値を達成すれば実現されたといえるのかを表す定量目標です。

設定するのはＫＰＩでもＯＫＲでもどちらでも構いません。ＯＫＲとＫＰＩの違いについてですが、ＫＰＩは実行しているプロセスの進行度合いを図るためのものであるのに対し、ＯＫＲは最終的になりたい姿／状態を確認するのに向いています。業務における視点も異なっており、ＫＰＩの目的は現在の業績を可視化することであるのに対し、ＯＫＲの目的は業務プロセスの目的地を明確にすることにあります。また、ＫＰＩは部門やセクションごとに実行されるのに対し、ＯＫＲは企業全体に対して用いられる、という違いがあります。

図6にJagu'e'rで設定したＯＫＲを示します。コミュニティの立ち上げから安定運用まで場合によっては少し長い期間が必要になるかもしれませんし、多様な人材が徐々に関わることになるので、最終目標を確認するためにもＯＫＲで設定するのがベターかと考えています。

企業内コミュニティとユーザーコミュニティのＯＫＲの例を筆者なりに考えてみました。図7と図8になります。参考にしてみてください。

Objective	日本における Google Cloud のコミュニティとして日本一の認知度と規模を獲得する。
Key Result1	参加社数　3 年で 200 社以上
Key Result2	Jagu'e'r　メンバーのメディア露出回数　1 年で 4 回以上
Key Result3	分科会 MeetUP の実施回数　1 年で 10 回以上

図 6　Jagu'e'r の場合の OKR の例

Objective	外部調査においてデジタル人材が働きたい企業 NO.1 になる。
Key Result1	コミュニティからの Blog による外部発信回数　1 年で 10 回以上
Key Result2	コミュニティメンバーの外部イベントにおける登壇回数　1 年で 3 回以上
Key Result3	コミュニティ主催の勉強会実施数　1 年で 10 回以上

図 7　企業内コミュニティの OKR の例

Objective	自社 SaaS 製品のユーザー満足度 10%向上
Key Result1	コミュニティ内部での QA 対応スピード　3 日以内
Key Result2	コミュニティからの製品に対するフィードバック獲得　1 年で 100 件以上
Key Result3	勉強会や Meetup における参加メンバーからのアンケート平均回収率　80%以上

図 8　ユーザーコミュニティの OKR の例

予算確保のためのアウトプットイメージをつくる

予算の確保はコミュニティにとっての生命線です。予算が獲得できなかった瞬間に活動の幅は狭くなり、メンバーのモチベーションも徐々に下がっていきます。逆に言うと、**スポンサーがいなくなった瞬間から社内でのプレゼンスが下がっていく**、と考えたほうが良いでしょう。

先ほど述べたKPIやOKRを納得感のあるものに仕上げ、社内に丁寧に説明していくことで、適切な予算を割り当ててもらうよう努めることが、コミュニティマネージャーには求められます。そのためには、所属する企業の予算申請時期を見極めるとともに、早期から時勢を鑑みた適切な説明への情報武装を施すようにしましょう。例えば、コミュニティの成長を示す数値や、参加メンバーの満足度推移、収益への貢献度合いなどです。

A	(Attention) 注目	商品やサービスを知る
I	(Interest) 興味	興味を持つ
S	(Search) 検索	インターネットや SNS で探す
D	(Desire) 欲求	欲しいという気持ちが高まる
C	(Conviction) 確信	購入する意思を固める
M	(Memoly) 記憶	商品やサービスを覚える
A	(Action) 行動	購入する
S	(Satisfaction) 満足	紹介、リピートする
S	(Share) 共有	SNSなどで評価、共有する

図9　購買行動パターンにおける消費者行動の例

コミュニティを運営していると、その所属企業の収益貢献を問われる場面に非常に多く出くわします。予算獲得のための説明をする場は、その中でも一番大きなインパクトのある場面だと言えます。ぜひ本書の第1章で述べているコミュニティと企業収益の考え方を参考にして、自分なりのロジックと想いを紡いでいっていただければと思います。予算が確保できたならば、大きな項目でその予算の割り当てを考えておきましょう。

コミュニケーション導線を設計してみる

次に、参加メンバーとのコミュニケーション導線（コミュニケーション・ジャーニー）を設計します。この設計は非常に重要な要素であり、ここが綺麗に、かつ洗練されているコミュニティは参加メンバーにとってもスト

「Share」は共有を意味するインターネット時代の特徴を捉えたモデルです。
このモデルはコミュニティにも適用できそうです。

A	I	S	A	S
(Attention) 注目	(Interest) 興味	(Search) 検索	(Action) 行動	(Share) 共有
商品やサービスを知る	興味を持つ	インターネットやSNS で探す	購入する意思を固める	SNSなどで評価、共有する

図 10　アイサス：AISAS

アイドマ：AIDMA

一番歴史のあるモデルです。
コミュニティには適用しにくいです。

A	→	I	→	D	→	M	→	A
(Attention) 注目		(Interest) 興味		(Desire) 欲求		(Memoly) 記憶		(Action) 行動
商品を知る		興味を持つ		欲しくなる		商品を記憶し思い出す		購入する

アイドカス：AIDCAS

AIDMA にリピート（回帰）などの概念をプラスしたモデルです。
これもコミュニティには適用しにくいです。

A	→	I	→	D	→	C	→	A	→	S
(Attention) 注目		(Interest) 興味		(Desire) 欲求		(Conviction) 確信		(Action) 行動		(Satisfaction) 満足
商品を知る		興味を持つ		欲しくなる		買う理由を見つける		購入する		紹介、リピートする

図 11　アイドマ：AIDMA　と　アイドカス：AIDCAS

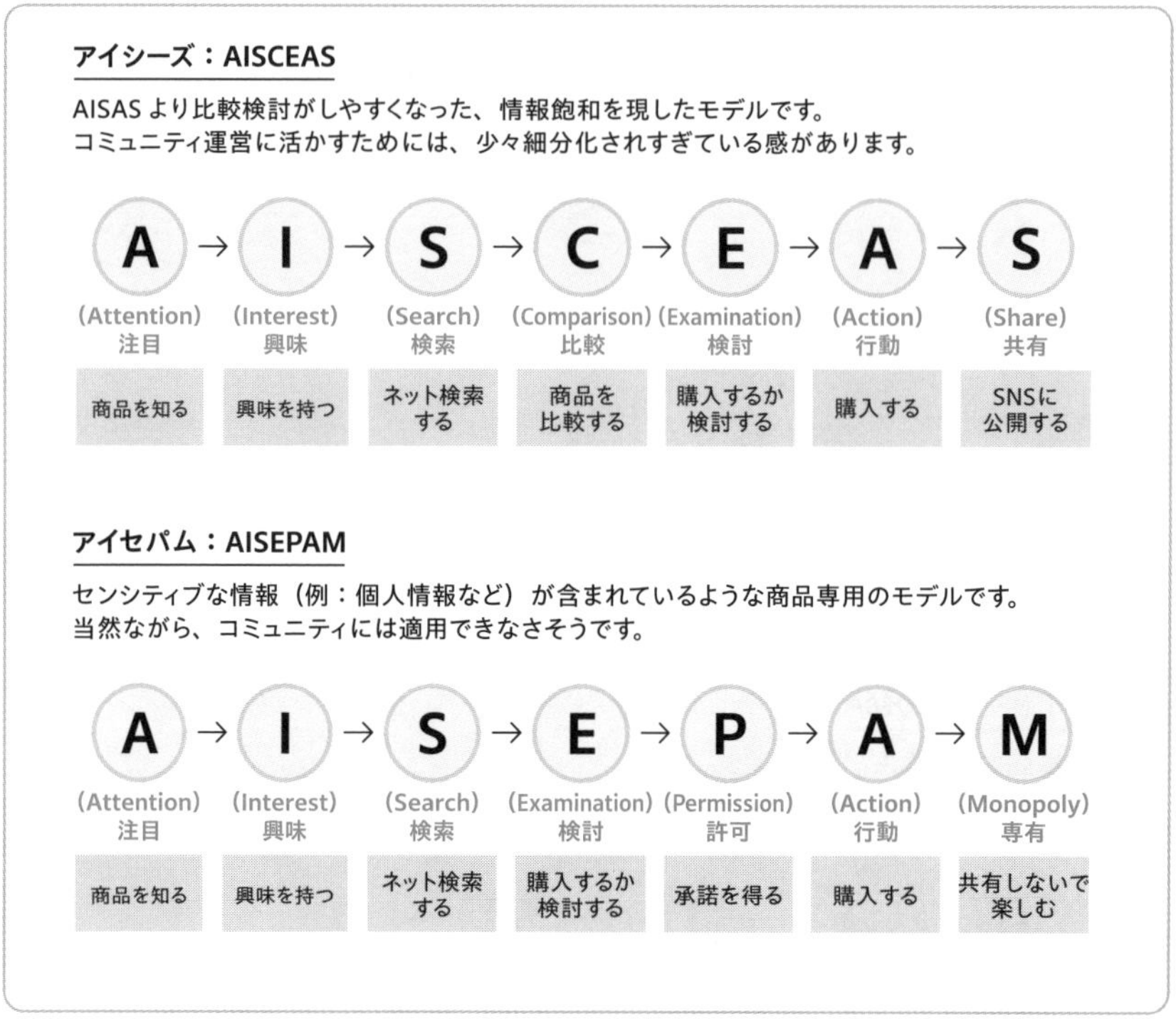
アイシーズ：AISCEAS
AISAS より比較検討がしやすくなった、情報飽和を現したモデルです。
コミュニティ運営に活かすためには、少々細分化されすぎている感があります。
A → I → S → C → E → A → S
(Attention) 注目
(Interest) 興味
(Search) 検索
(Comparison) 比較
(Examination) 検討
(Action) 行動
(Share) 共有
商品を知る
興味を持つ
ネット検索する
商品を比較する
購入するか検討する
購入する
SNSに公開する
アイセパム：AISEPAM
センシティブな情報（例：個人情報など）が含まれているような商品専用のモデルです。
当然ながら、コミュニティには適用できなさそうです。
A → I → S → E → P → A → M
(Attention) 注目
(Interest) 興味
(Search) 検索
(Examination) 検討
(Permission) 許可
(Action) 行動
(Monopoly) 専有
商品を知る
興味を持つ
ネット検索する
購入するか検討する
承諾を得る
購入する
共有しないで楽しむ

図12　アイシーズ：AISCEAS　と　アイセパム：AISEPAM

レスがなく、コミュニティがスケールするための一助にもなるでしょう。

Jagu'e'r の場合は、マーケティングでよく用いられる「購買行動モデル」を参考にして設計しました。購買行動モデルとは、商品やサービスを知ってから購入に至るまでのユーザーの変化（消費者行動〈図9〉）を簡潔に表したものです。これまで様々なものが世に出ていて、主に執筆時点で調べたところ、図10から図13に挙げる7つのパターンが確認されています。

購買行動モデルは数多くの消費者行動に着目し、どの順番で「購入」に至るかを様々なパターンで想定したものです。代表的な消費者行動を上の図に示します。

このように、同じアルファベットであっても、モデルによって意味が異なる

デキャックス：DECAX

コンテンツマーケティングの代表的なモデルです。様々なチャネルで意図的な露出を図ることにより顧客との関係性を構築するプロセスは、コミュニティ運営にも適用しやすそうです。

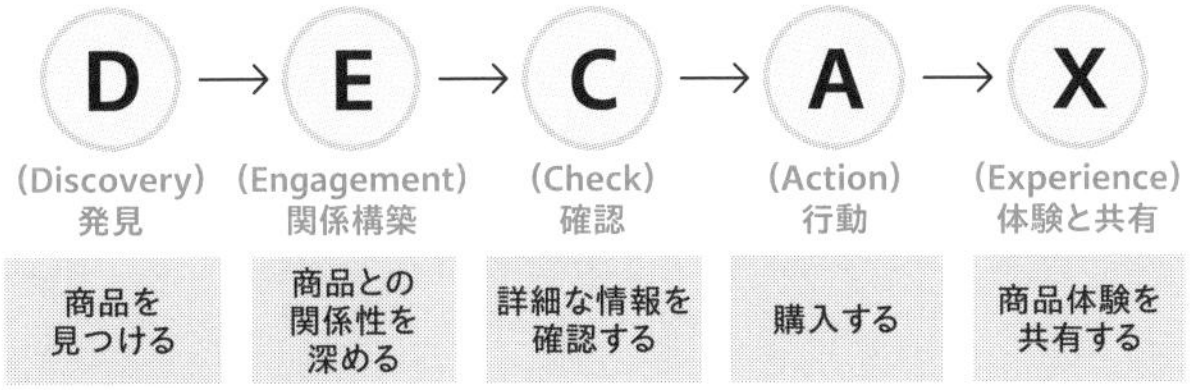

ウルサス：ULSSAS

SNSを意識して唱えられているモデルです。オープンな情報公開が主軸であるため、コミュニティのような基本的に「入ってからでないと中の様子がうかがえない」ものには適用が難しそうです。

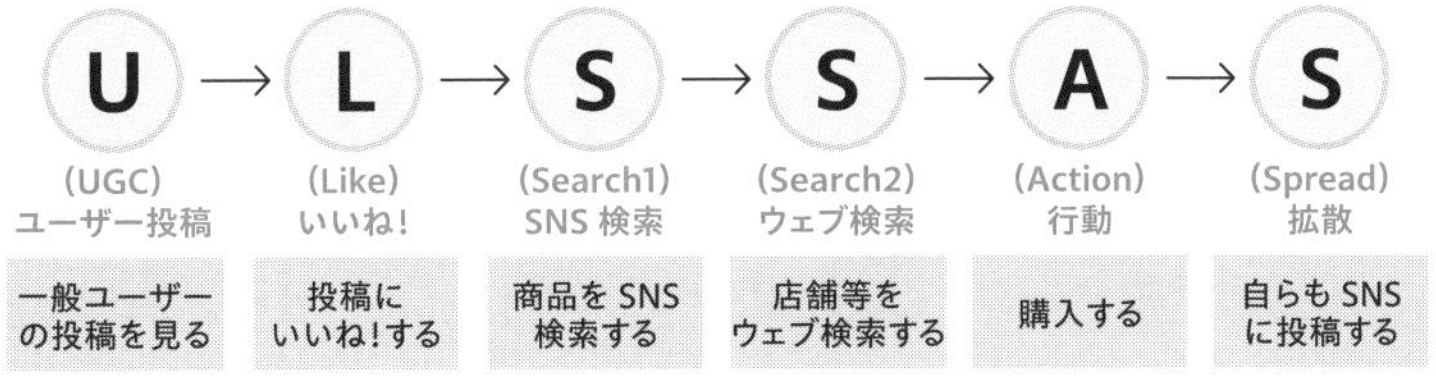

図13　デキャックス：DECAX　と　ウルサス：ULSSAS

ことに注意しましょう。

図10は、わかりやすい例としてAISAS（アイサス）を図化したものです。

図13が、"Share"となるインターネット時代の特徴を捉えたモデルです。このモデルはコミュニティにも適用できそうです。

以下、このような要素の組み合わせによって、代表的なものとして7つの行動パターンモデルが考えられてきました。残り6つのパターンも見てみましょう。

ここまで、それぞれの購買行動モデルの特徴を見てきました。我々が欲する「コミュニティの参加メンバーを増やし、活性化させる」という初期の目的に合致するのは「AISAS（アイサス）とDECAX（デキャックス）」であることが理解できたと思います。

Jagu'e'rでもやってみたDECAXモデル

次に例として、設立当初Jagu'e'rでも参考にしたDECAXモデルで、新規参加メンバーの行動、プロセスを設計していきたいと思います。

（1）D（Discovery）発見・・・コミュニティを見つけてもらう

まずは、設立したばかりのコミュニティを参加候補者に見つけてもらわなければなりません。まずはその存在と意義を伝え、興味を持ってもらうことがゴールです。設立しようとしているコミュニティに来てほしい参加メンバーのペルソナを設定し、その行動を分析した上で、効果的に目にとまる状況を作り出しましょう。

Jagu'e'rの場合、参加メンバーとしてのターゲットは、Google Cloudのサービスを使っている人、もしくは興味のある人でユーザー企業かパートナー企業に勤務している人です。そのような人たちに目にとめてもらうための手段として様々な施策を打ちました。もちろん、コロナ禍真っ只中での立ち上げでしたからオンライン・マストです。まずは、認知していただく可能性のあるルートを内向きと外向きで洗い出すと見通しがよくなります[注7]。

まず、誰が、あるいは、どこが発信元として期待できるでしょうか？　幅広い層にリーチするためには多様なチャネルからの発信ルートを構築しておくことが効果的です。それらを実現するツールも整備しましょう。このステップは、非常に重要なので次に挙げる4つの施策を行いました。

注7　企業内コミュニティへの適用では、「部門内／外」などに読み替えてください。

＜施策1＞

- **Google Cloud Japan 営業担当者からの直接勧誘**
- **発起人やコアメンバーからの個別案内**

初期段階でのメンバーは非常に重要です。個別の知り合いベースで少しずつ基盤を作っていくやり方も効果的です。コミュニティに貢献する意識の高い人々をあらかじめ確保することに成功すれば、その後の運営もぐっと楽になっていきます。あなたが立ち上げようとしているコミュニティが企業内コミュニティであれば、身近な部内の理解者を真っ先に勧誘しましょう。ユーザーコミュニティのJagu'e'rにおいても、懇意にしていただいている顧客関係からや、古くからのパートナー企業担当者、そして筆者を含む発起人やフォロワー社員の知人、友人をベースに基盤を作り上げました。

＜施策2＞

- **紹介するためのプレゼン資料の用意**
- **1ページに概要をまとめたチラシの作成**
- **申込みフロー図、申込みツールの用意**

勧誘活動はもちろん、その後の活動もスムーズに行うために、必要な情報を揃えた勧誘パッケージを用意しましょう。Jagu'e'r はオンライン限定で開始したので、例えば前記のようなもので、すべてはパンフレットのような物理的なマテリアルではなく、Web サイトやPDFなどデータとして用意しました。

＜施策3＞

・自社オウンドメディアの活用

Jagu'e'r では、Google Cloud Japan がオフィシャルに運営する外部告知用のメディアである Google Cloud Japan ブログにおいて、Jagu'e'r の設立、設立年月日、コミッティメンバー（初期メンバー）の紹介、目的、入会資格や入会方法、Web サイトのURLなどの案内を行いました。その後SNSなどでの拡散もされており、初期参加メンバー獲得に大きく寄与しています。https://cloud.google.com/blog/ja/products/gcp/google-cloud-usergroup-for-enterprise

加えて、顧客企業の担当者やパートナー企業の担当者に向けて、定期的にプロダクトやサービスのアップデート情報などを配信するメールマガジンがあります。そこで Jagu'e'r の設立をアナウンスしてもらうよう働きかけました。掲載内容はブログと同じです。このように、ユーザーコミュニティであれば、Jagu'e'r と同様に様々なオウンド・メディアを既に持っているでしょうからそれらを活用することができます。企業内コミュニティであれば、人事からの社員向け告知メールや、役員層からのメールマガジンやメディア発信などを活用していくことも効果的な一手となります。

＜施策4＞

・ポータルサイトの立ち上げ

プッシュ型で情報発信を様々なチャネルから実施した後、情報のフォロー（受け皿）として、発信と同時期に用意しました。[注8] Webサイトがあることにより、呼び込んだお客さま（参加メンバー候補）を均一の情報がある一箇所に集約することができます。企業内コミュニティであれば、社内ネットワーク（イントラ）にアクセス限定されたポータルサイトを作成するのも良いでしょう。これは、設立当初だけでなく、コミュニティが活性化した後もその個別の活動を発見してもらうことで、参加メンバーが増えるループを形成することができるため、再現可能であることが重要です。

(2) E (Engagement) 関係構築・・・コミュニティと関係性をつくる

DECAXのD（Discovery）により、コミュニティの存在を認知してもらいました。次に、確固たるつながり、関係性を作ります。単純に言えば、登録、そして認証がファースト・ステップとなります。Jagu'e'rでは、以下のようなフローにより「Jagu'e'r会員化」して関係を構築しています。

・参加希望者がGoogle Formsから登録を行う
・登録済みの人にユニークなIDを発行し、分科会（支部）を案内する
・参加メンバーはIDを受け取り、希望する分科会へ登録する

注8　https://jaguer.jp/

各分科会の運営者が参加希望者とコミュニケーションを始める

Jagu'e'rの会員登録と分科会登録を分けている理由は、選択の自由、参加深度の自由を参加メンバー側に与えたかったからです。それにより分科会までの濃い活動は希望していない参加メンバーや、その逆でやる気満々の参加メンバーが自由に漂うことのできるストレスのない設計ができたと自負しています。ただし、現在では分科会に入りたくても2度の登録作業があることから、最初の会員登録だけでドロップしてしまうケースも出てきました。この登録時における煩雑さを解消するために、コミュニケーションツールの中心となっているSlackでは、分科会ごとのチャンネルをオープンにするような施策にチャレンジしています。

このように課題と向き合いつつも、まずは初期段階での関係を構築する手段を揃えていきましょう。これはユーザーコミュニティであればJagu'e'rと同様な手法が取れると思いますし、企業内コミュニティであれば、もっと簡素化した方法も採用できるでしょう。

コラム

社内の仕組みやツールを使った時の副次効果

例えば社員IDを会員IDの代わりとし、社内で利用している社内業務用の登録システムやツールを借りるなど、社内だからこそ利用できるツールを最大限活用できると思います。そんなことは調整が面倒だから、利用しやすい外部ツールを使う、という意見もあります。ですが、この「社内ツールや仕組みをなんとかして使う」というアクティビティには副次的産物が期待できます。なんとかして社内に散らばるツールを使うためには、様々な部門の人たち（様々なツールを主管する部門や人たち）と利用のための交渉をしていく必要があります。その際に、自らが立ち上げようとしているコミュニティの意義や必要性を説くことができるのです。もしかしたら、新しい理解者や協力者（フォロワー）に出会えるかもしれません。ゆえに、筆者は企業内コミュニティであれば、その使うツールは社内の馴染みの深いツールを最優先に考慮に入れるべきだと考えています。一方で最新型の外部ツールを積極的に取り入れ、利用することで参加メンバー自身のデジタルスキルを底上げする、利用することで最新テクノロジーを肌で感じてもらえる、という期待もできますから、重要視したい目的に合わせて選択してください。

(3) C（Check）確認・・・コミュニティの活動を確認してもらう

DECAXのE（Engagement）により、コミュニティへの参加メンバーと関係性を構築する準備ができたら、**「お試し確認（参加）」することができる機会**を設けましょう。例えば一見さんで終わるかもしれませんが、そのコミュニティの雰囲気や実施していることなどを体感できるように、コミュニティ会員でなくとも参加できるオープンなイベントを定期的に開催することなどです。Jagu'e'rでは、参加するために様々な制約がある比較的クローズドなコミュニティと捉えられがちです[注9]。ですので、一年に数回「Jagu'e'rのメンバーを募りオープンな紹介イベントを企画しています。あるいは、オープンなイベントにJagu'e'rのメンバーで登壇していく

注9　NDA（秘密保持契約）が必要、Google Cloud を 利用している企業所属であることが必要、など。

という手段も使っています。これにより、「ちょっと気になっている」人たちや「条件を満たせてはいないがいずれ参加したいと検討中」の人たちの興味関心をカバーすることができます。オンラインが主流の時代ですから、イベントを企画し実行することは容易になりました。積極的に「未来の参加メンバーたち」とのコミュニケーションパスを設けましょう。

④ A（Action）行動・・・コミュニティで実際に活動してもらう

DECAXのC（Check）までのプロセス施策により、コミュニティへ登録してもらい、会員になってもらった、だけではそのコミュニティが活性化しているとは言えません。せっかく登録してもらった参加メンバーが自律的に活動を開始し、継続していくための施策を打っていきましょう。本当の意味でコミュニティに「参加」してもらっている状態を一人でも多く作っていくイメージです。

得てして関係性や帰属意識が薄れてしまいがちなオンライン時代です。徹底的なケアが必要です。例えば、会員登録の際に「このコミュニティで期待すること」を必ず入れてもらうようにします。そうすることにより参加メンバー個人ごとのWill（願い）を把握することができます。Jagu'e'rであれば「他社事例を聞きたい」だったり、「参加メンバー同士で交流したい」だったり、「Google Cloudの最新情報をキャッチアップしたい」だったりします。まずは運営側として**このような参加メンバーのWillを掴み、運営に反映させていくこと**も有効な手段でしょう。自分の願いが叶えられる、聞き入れてもらえているという感覚を生み出すことができたら、それはステキなコミュニティではないでしょうか。

さらには、参加メンバー個人ごとのプロファイルなども把握し、その人それぞれがどんな思い、どんな状況で今の状態にあるのかを把握していくようにつとめます。もちろん詳細にすべてを把握することは不可能です。ただ、少しずつ参加メンバー個人にスポットライトをあてながら把握していく営みを続けてください。そこから得られるヒントは無数にあるはずです。

(5) X（Experience）体験と共有・・・コミュニティを他者へオススメしてもらう

参加メンバーの規模をスケールさせ、コミュニティの多様性を高めるためには、運営からの一方的なプロモーションだけでなく、参加メンバーからの発信も不可欠です。ユーザーコミュニティであれば外部参加メンバー候補への広範囲な発信であり、企業内コミュニティであれば社内への発信となります。

参加メンバーが「発信者」になるためには、その礎となる「体験」が必要です。前述したA：Action（行動）フェーズまでで培った関係性から、発信を期待できそうな参加メンバーに目線を合わせていきましょう。そしてその人たちが体験したいタイミングと内容で機会を創出します。例えばLT[注10]への登壇の機会や、活動報告のBlogへの投稿の機会などです。冒頭で述べた「自分ごと化」を演出することにより、その参加メンバーは**発信者として強力なプレゼンスを発揮してくれる**こととなるでしょう。「このコミュニティはいいよ！」と周囲にオススメしてくれ、さらにはフォロワーが多数いるSNSなどでイベントなどを告知してくれるようなエヴァンジェリスト活動まで発展させられれば、コミュニティは自然と有機的な拡大を見せていきます。

Jagu'e'rでは、立ち上げから2年ほどまでは、アンバサダーの酒井真弓さんや、発起人の我々が発信をリードしていましたが、ようやく発信者となりうる人材が出現しJagu'e'rエヴァンジェリストとして任命することができました。今後の彼らの発信に期待していきたいと思います。

注10 Lightning Talk

https://jaguer.jp/evangelist/

コミュニケーション導線を具現化するツール

Jagu'e'rでは、様々なツールをコミュニケーション導線上のタッチポイントとして捉えています。それぞれの特性を活かしつつ、すべてのツールを利用する際のトランザクションそのものが、参加メンバーの大切なコミュニケーションだという理念で運用しています。列挙していくと、様々なフェーズ、シーンで様々なツールを使い分けています。どのようなシーンで、どのようなツールを使っているのか、Jagu'e'rのケースをここでも解説していきます。もちろん、最初からこのすべてを用意する必要もありません。必要に応じて揃えていけば良いでしょう。我々も、当初はフォーム、Web、メールのみでした。その後、徐々にSlackやFacebookなどを活用する機運が高まり、整備していきました。現在では日々のコミュニケーションはSlackがメインになっています。

【Google Forms】

Google Formsは様々なシーンで活用することができます。

・**会員管理**

Jagu'e'rでは、①Jagu'e'rそのものに登録し、②そのあと興味のある分科会にそれぞれ登録するという流れを採用しています。参加メンバーとしては2段階のステップを踏まなければならないため、①を済ませた後②

に気づかなかったり、離脱してしまうことも多く、新規参加メンバーの分科会誘致における課題の一つとなっています。この点については解決策を運営事務局で模索しています。いずれは①ステップですべてが完結するような仕組みを整えていきたいと考えています。同時に入力された情報を管理するスプレッドシートを作成することができるため、会員管理やイベント申込み者管理などに活用することが可能です。

・**イベント申込み　アンケート**

Jagu'e'rでは、1週間に2件程度の分科会が主催するイベント（Meet Up）が開催されています。ほとんどの分科会がGoogle Formsを活用しイベントの申込者管理を行い、アンケート取得を実施しています。Google Formsは共同の編集を設定することが可能ですので、分科会の運営チーム複数人で共同作業するのにも適しています。

【Slack】

現在のJagu'e'rの主たるコミュニケーションツールで、組織を超えた参加が可能です。各ディスカッションテーマに沿ったチャンネルを作成することが可能であり、それぞれオープンかクローズドかを設定することができます。Jagu'e'rはＮＤＡベースの参加メンバー構成であるため、ほとんどのチャンネルが非公開（クローズド）設定されており、分科会ごとにチャンネル構成は分かれています。企業ごとのポリシーでSlackの利用が会社ドメインから認められていない場合に対処するため、個人アカウントでの参加も都度申請の上認めています。Jagu'e'rに登録したと同時にSlackに登録されるワークフローを整備していて、日々「ようこそ！」など

Welcomeメッセージが飛び交っています。突発的な議論すべき事項が出てきた場合でも、Slackのチャンネルを作成し、企業の枠を超えたメンバーが瞬時に招集され議論が開始されます。オフライン時代でしたら考えられないスピードです。現在は分科会ごとの申込みに煩雑さを感じるメンバーの意見が増えてきたので、分科会チャンネルのオープン化を徐々にすすめています。

【Facebook】

Facebookには非公開のグループを作成できる機能があります。こちらは、準静的コミュニケーションの場として活用しています。SlackのようなChatベースではないので議論には不向きだと感じています。例えば、誰でも知っておいて欲しいルールや手続きなどの掲示場として利用したり、分科会ごとに開催イベントの告知が行われています。一方、Messengerで連絡したほうが素早いレスポンスが期待できるメンバーもいたりするので、SlackのDMとの使い分けも肝要です。

【Twitter】

２０２１年に開始されたTwitterの新機能で、コミュニティのグループを作成することが可能です。開始からほどなくして、Jagu'e'rのグループを作りたいと申請し、認可を経て作成し運用しています。ただ、FacebookやSlackと比較して匿名性が高いこととプライベートとの境目が曖昧になりがちであるため盛り上げに苦労しています。ただし、ＩＴ、クラウド、デジタルを生業とする人材はTwitterを好んで利用する傾向があり、生息している人口も高いことから無視できないプラットフォームだと考えています。今後はJagu'e'rエヴァンジェリストたちとともに、このグループの盛り上げを企画していきたいと考えています。

【Web サイト】

静的な情報発信の場です。全体総会（Jagu'e'rPark ）などの告知だったり、分科会ごとの活動報告であったり様々な情報を掲示しています。参加メンバーのみならず、どなたでもオープンに閲覧できる環境にあるため、前述の購買行動モデルD：Discovery（発見してもらう）やC：Check（活動を確認してもらう）フェーズそれぞれで非常に大きい役割を担っていると考えています。

【メール（メルマガ含む）】

２０００名を超える参加メンバーのメールアドレスを取得しているため、そこに対してのアドホックな告知活動が可能です。例えば分科会のイベントや、全体のイベント、Google Cloud Japan が主催するイベントの告知などです。さらには、新しい分科会の設立アナウンスや、Jagu'e'r メンバーが外部で活躍している記事の紹介などメルマガ形式で定期的にお届けするスキームも構築しました。SNSがこれだけ一般的になったとしても、いずれのSNSにもアカウントがないという方も一定数存在すると考えています。その方々にもきちんと情報をお届けすることで情報格差のない状態を可能な限り目指したいと考えています。

ツールの使い分けについて

「わたしは日頃から Slack を業務でもメインで利用していて Facebook はアカウントを持っていない」ですと

か、「わたしはメインでTwitterしかやっていない」ですとか「SNSが苦手なのでアカウントをそもそも持っていません」など、参加メンバーによって生息する領域はバラバラだという前提で設計することが肝要です。

実際、メンバーにヒアリングすると、前記のような意見が出てきています。多様性を尊重し、どんな方でも心理的負担の少ない状態で気軽に参加することのできるコミュニティを目指しましょう。この観点から、Jagu'e'rでも様々なツールを並行運用するに至りました。FacebookやTwitter以外に、現在勢力を拡大しているTikTokやInstagramなども検討していくべきかもしれません。

たくさんのツールを並行で運用し、それぞれにおける情報の格差を極力なくしていく、ということは労力がかかることですが、せめて主に利用されているプラットフォームでの情報レベルは揃えていきたいものです。どれかのツールに依存する、偏重していくとなると、他の使っていない参加メンバーのエンゲージメントは期待できなくなってしまいますし、コミュニティは多様性と越境がキーです。それぞれの領域に生息しているメンバー同士のやり取りまでは運営側から観測は困難ですが、せめて運営からのプッシュ情報は揃えるのがよいでしょう。

コミュニティ内での振る舞い品質を保つ「行動規範」

行動規範は、立ち上げ初期に設定しましょう。コミュニティには様々な参加メンバーが集います。その日々の振る舞いをパトロールし、タイムリーにすべてを是正していくことは不可能に近いです。ですので、あらかじめ行動のルールを設けておきます。その上でそれに違反した振る舞いがあった場合には、報告してもらえる

Japan Google CloudUsergroup for Enterprise（Jagu'e'r）

行動規範

Jagu'e'r は、参加する皆様の情報交換と貢献により Google Cloud の効果的な利用を促進することを目的としたコミュニティであり、参加する皆様の多様性、公平性、インクルージョンを尊重して活動します。

禁止事項

- 他社批判をしない（比較はWelcome）
- お金儲けに使わない、押し売りをしない
- 誹謗中傷をしない
- 迷惑行為、ハラスメントをしない（SNSや飲み会の場でのハラスメント行為を含む）
- 内輪ネタにしない
- 本会の主旨に沿う限り、来るものを拒まない

以上の禁止事項に該当すると感じられる行為を見たり聞いたりした場合は
事務局（info@jaguer.jp）までご連絡ください。
https://jaguer.jp/conduct/

図 14　Jagu'e'r の行動規範

ようにしておくことで、安心安全な場を維持することが可能になります。いわば**入り口のガバナンス**です。企業内コミュニティでは、ある程度の参加メンバーフィルタリングがされた状態でスタートできますので（参加メンバーがその企業の社員に限られる）、その限りではありません。既に自社に存在する行動規範を参照しても良いでしょう。

ここでは参考までに、ユーザーコミュニティであるJagu'e'rの行動規範を載せておきます（図14）。Jagu'e'rのみならず、いろいろなコミュニティが行動規範を設定しています。どこかを参考にするも良いですし、複数の行動規範をミックスし自らの想いや状況を反映したものにするのでも良いです。付け加えて大事なのは、「いつでも、だれでも、どこからでも確認できるところに行動規範を置いておくこと」です。Jagu'e'rでは、オープンにしているWebサイト上に行動規範全文を掲示しています。それによりこれからJagu'e'rに入ってくる人や、入会を悩んでいる人も確認できるようにしています。

参加メンバーを守る「会則」

会則は、参加メンバーを守るために必要です。企業内コミュニティであれば行動規範と同様、ある程度参加メンバーのプロファイルも限られるので必須ではありませんが、あらかじめ作成しておいたほうが良いでしょう。また会則は、そのコミュニティの全体像を現すものとなります。盛り込むべき項目としては、次の項目があります。必要に応じ専門家の意見なども取り入れながら作成していくと良いでしょう。

1 コミュニティの名称
2 コミュニティの目的（ビジョン）
3 活動内容
4 会員（メンバー・参加メンバー）の定義
a. 何をすれば会員となり、どうすれば脱退できるか、など
5 会員の活動内容
a. 参加したらどんな活動が期待されるか、など
6 コミュニティ全体の意思決定プロセス
a. コミッティの定義や運用方法など
7 コミュニティの活動内容
a. 組織構成など

個人情報の取扱について
本サイトにてご記入頂きました、個人情報及び記述内容は、運営事務局及びグーグル・クラウド・ジャパン合同会社並びに協力会社が各社で 利用させていただきます。ご記入頂きました個人情報は、 各社がそれぞれの個人情報保護に 関する方針に従い、必要な安全管理措置を行い取り扱い致します。運営事務局（株式会社ボイスリサーチ）の個人情報保護については下記サイトをご確認ください。
https://voice-research.com/policy

図 15　Jagu'e'r のプライバシーポリシー

8　**運営体制**
9　**情報管理体制**
10　**紛争の取り扱い**
11　**会則そのものの取り扱い**

Jagu'e'r の会則については、誌面の都合からここでは割愛といたします。次のサイトで誰でも（非会員でも）見られますので、興味ある人はご一読ください。

https://jaguer.jp/rules/

コミュニティといえども必須「プライバシーポリシー」

プライバシーポリシーも、ユーザーコミュニティにおいては必須です。参加メンバーの個人情報を守るためにも設定しましょう。例として Jagu'e'r のプライバシーポリシーを挙げておきます（図15）。

コラム　コミュニティであるなら、情報はフルオープンにするべきか？

世の中には様々なコミュニティが存在することは、第1章でも触れてきました。コミュニティから発信された情報は、コミュニティの参加メンバーではなくても確認ができる「オープン型」と、そうではない「クローズド型」に大別されます。では、参加メンバーにとっては何がベストなのでしょうか？　ひとえにオープン型であるべき、という論調が巻では散見されますが、果たしてそれがベストプラクティスなのでしょうか。登壇したら、そのすべての情報や自分のスライドは共有しなければならないのでしょうか。

筆者は、そうではないと言い切ります。大切なのは、オープンにすること、ではなく、**オープンになるべきものとクローズドにすべきものを明確に定義した上で活発なコミュニケーションがされる環境を作り出すこと**、です。

ゆえに、Jagu'e'rでは、オープンにする情報とクローズドにする情報をその都度分別していく運用を行っています。それにより、参加メンバーの心理的安全性は保たれつつ、コミュニティが本来持つオープンな雰囲気を併せた良い環境が実現されています。

これは既存のコミュニティの良いとこどりした設計になっている、という評価をよくもらいます。クローズドな場だったら自由に発言できるけど、オープンなSNSではなかなか発信がしにくいと言っているメンバーが一定数いるのも事実です。また、その心情も理解できます。

このようにある程度の心理的安全性を確保することは極めて重要です。それを求めてJagu'e'rに入会する人もいるということです。大切なのは、いずれか一方に寄せることなくバランスを上手くとりながら、心地の良い設計を模索し続けることでしょう。

Jagu'e'rの各分科会の活動報告は、Jagu'e'r Webサイトで公開されています。この活動報告のブログは、実はMeet Upのすべてを公開しているわけではありません。各分科会のブログ執筆者は、事前に登壇者に公開しても良いか否かということを確認してから、OKとなった情報のみをWebにアップしているのです。実際に参加して得られる情報と活動報告レポートで得られる情報に格差が付くことになってしまいますが、Meet Upに参加したメンバーへのプレミアム（参加のお得感）と、登壇者の心理的安全性を確保する両面で、現状では良い運用になっていると感じています。

本章では、コミュニティを立ち上げるために必要な要素を分解して解説してきました。立ち上げ時に必要なヒト、モノ、カネ、情報のイメージを掴めましたか？

次章では、コミュニティを立ち上げた後、どのように運営していくのか、数々の想定しうる課題にどのように立ち向かっていけばよいのか、をポイントごとに解説していきます。

第3章

コミュニティ運営のポイント

3.1 コミュニティを低ストレスで円滑に運営していくために

本章では、コミュニティの拡大期〜成熟期の段階におけるコミュニティ運営のポイントを解説していきます。立ち上げには成功したとして、そのコミュニティを継続させていくためには、様々な労力と工夫が必要です。拡大していくにつれコミュニティそのものが持つ良さが失われていったり、当初の存在目的が希薄化してしまったりと、コミュニティマネージャーにはいくつもの壁が立ちはだかってきます。

本章では筆者の経験をベースに、そのような壁の数々に遭遇し、悩んでいるコミュニティマネージャーへ、ヒントとなるような情報を提供していきます。同時に、そのような壁を乗り越えていく楽しさも伝えたいと考えています。また、現時点ではコミュニティに参加する側であり、運営側には携わっていない方々にも、本章を読むことで運営の楽しさを知ってもらい、一人でも多くのコミュニティマネージャー志望の人が生まれることを願っています。

3.2 コミュニティ拡大期 ―軋《きし》んでいくコミュニティ―

ユーザーコミュニティと企業内コミュニティ、どちらもある程度の人数規模を備えるまでは、自然と規模を拡大していく（会員数や会員企業数を増やす）ことが第一目標となります。根本的にコミュニティは、あるテーマに沿って交流することが目的ですから、人数の規模を求めるものではありませんが、一定の人数規模は必要です。なぜなら、ダイバーシティの観点からも、人数が多いほうが様々な属性の人たちを備えた集団になりやすいからです。

また、ある程度の規模の人数を確保することで、ユーザーコミュニティはそのベンダーにとって有効なマーケティングチャネルの一つとなりますし、企業内コミュニティの場合は社内への影響力や伝播力が高まります。いずれもそのコミュニティのプレゼンス向上に直接的、間接的に寄与することになるのです。

そのような、人数や組織の拡大を目指している〝拡大期〟のコミュニティには、いろいろな特徴があります。それぞれどのような特徴を有し、どんな課題（軋み）が顕在化してくるのか、そしてコミュニティマネージャーは、どのようにそれら軋みの特徴や課題を捉え、活動していけば良いのか（対策）も併せて見ていきましょう（図1）。

ここでは、次のステップで解説していきます。

図1　軋む人々

(1) 社内外での注目度が向上していく
(2) オペレーションが複雑化していく
(3) 増えていくメンバーの管理が追いつかない
(4) コミュニティマネージャーの負担だけが増加するわりに、評価は上がらない

社内外での注目度が向上していく

コミュニティが拡大していくに従って、当然ながらそのコミュニティから発信される情報量が増えます。イベントやミートアップも増え、参加メンバーも増えます。そのコミュニティから発生するトランザクションが純粋に増加するのです。

さらに、参加したメンバーがそのコミュニティの評価などを様々な場で発信することにより、まだコミュニティへ参加していない人もその存在を知ることになるでしょう。また拡大期においては、様々なエリアからメンバーがコミュニティに入ってきます。企業内コミュニティであればそれまで全く関与がなかった部門のメンバーが参加してきたり、ユーザーコミュニティであれば

ポジティブな原因	ネガティブな原因
メンバーの１人が大きなカンファレンスに登壇し、コミュニティの存在を告知してくれた	再現不可能な理由で一時的なものから拡大している、など (例：メンバーの炎上、特定メンバーの存在やその行為への関心など)

表１　認知度向上の原因分析

新しい業界などからの参加がこれにあたります。

このように様々な条件や立ち上げ当初の設定が功を奏した場合、コミュニティの認知度はどんどん上がっていくことでしょう。

認知度が向上した後の留意点：ユーザーコミュニティの場合

ユーザーコミュニティは、そのベンダーの製品やサービスのファンを獲得し維持していくことが大きな目的のひとつですから、市場で認知度が上がり参加メンバーが拡大してくことは基本的に歓迎できることです。

ただし、コミュニティの拡大期において、コミュニティマネージャーは、その状況は自分で作り出したものなのか、はたまた自然と発生したものなのか、を立ち止まって考えてみてください。前者であれば、その成功プロセスを明文化し、他の運営者にとっても再利用ができる状態を模索するべきでしょう。後者の場合は、その原因を特定した上でポジティブなものとネガティブなものを見定めておくことが肝要です。例えば次のように分析することです（表１）。

ポジティブな要因は再利用できる形に持っていき、ネガティブな要因は今後発生しないように運営上で注意していきます。

さらにコミュニティマネージャーは、コミュニティに参加してくれるメンバーが快適に活動を行えるか、を第一と考え全体の熱量調整を行うべきです。過熱気味の箇所には落ち着きを促すコミュニケーションを行い、冷めてしまっている箇所には活気を与えるコミュニケーションを図ります。

例えば、筆者が運営するJagu'e'rは、設立から2年ほどで会員数が2千名を超える勢いまで成長し、それに伴いクラウド市場の中での認知度が高まっています。そうなっていくと、当初決めていた「Google Cloudについての事例や情報の交換をする場である」といった基本的な活動のクライテリアが揺らいでいきます。例えば「Google Cloudに全く関係のないテーマでミートアップが開催されたり、分科会の設立が検討されてしまう」ことなどが実際に起こってしまいます。そんな時、筆者がJagu'e'rのコミュニティマネージャーとして実施していることは、「コミュニティの自浄作用を最大化する」ことです。要は、まずは静観するのです。

コミュニティマネージャーはコミュニティ内でのすべての出来事に可能な限り目を光らせ、目的から逸脱するような事態の発生を未然に防ぐことが求められます。このような監視体制は、拡大期までなら、一人〜二人の体制でなんとかなりますが、ある程度の規模を超えてくると目の届かない箇所が増えてきますので、コミュニティの**自浄作用を活かす仕組み**をあらかじめ用意していくことが有効なのです。

例えばコミュニティマネージャーの補佐となるような人材を社内外であらかじめ目星をつけておき、彼らには役割としてではなく、コミュニティのミッションや理念を浸透させておきます。コミュニティの理念が浸透している彼らが行動や発言をすることで、コミュニティ全体に理念が浸透することになります。

未然に防ぐことが叶わず、そのような事象を後から確認した場合は、可能な限り速やかにその事象の発火元（人物であることが多い）を特定し、軌道修正を自発的にしてもらうための丁寧なコミュニケーションをしましょう。可能であれば一対一でのオンラインかオフラインでのミーティングが好ましいです。

名称	役割
コミッティ	● 全体運営にかかわる事項の審議体 ※参加メンバーの入会審査など ● 業界での有識者で構成し、エヴァンジェリストやコアメンバーの提案や悩みについての壁打ち役としても機能
エヴァンジェリスト	● 外部へのコミュニティ活動情報と魅力の伝播 ● 参加メンバー間のコミュニケーション活性化とフィードバックループの形成
リーダー	● 歴代の年間 Award 最優秀賞受賞者で構成 ● 新たな Leader の発掘と育成 ● 次年度 Award の審査員
アンバサダー	● 大型イベントの司会進行 ● コミッティメンバーとのコミュニケーション ● メディア露出企画と実行 ● エヴァンジェリストと協業したコミュニティの外部プロモーション企画と実行
コミュニティマネージャー（運営）	● コミュニティの全体コントロール ● コミュニティの全体オペレーション ● 裏方としての調整事項 ※予算獲得、ツール整備、会員管理など

表2　Jagu'e'r コアメンバーの一覧とその役割

Jagu'e'r の場合では、コミッティ、エヴァンジェリスト、リーダー、アンバサダー、コミュニティマネージャーという役割のもとその理念を共通にして持つコアメンバーを要所に配置し、彼らと運営のコミュニケーションを発展させていくことで、コミュニティの自浄作用を高めることに成功していると考えています（表2）。

認知度向上に向けてのポイント：企業内コミュニティの場合

企業内コミュニティの特徴としては、ある特定の技術について参加メンバー間で切磋琢磨する類のコミュニティが多く、その行き交う情報は社内限定であることがほとんどのようです。したがって、参加メンバーがその内容をSNSで発信して認知度を向上させていくループは企業内コミュニティではあまり期待できません。

口コミ型よりも、企業自らのメディア発信で認知度が高まっていくのが企業内コミュニティに多く見られる特徴でしょう。

そして、認知度向上のための重要な要素として「スポンサー」の存在が挙げられます。この場合の「スポンサー」は「資金提供者」ではなく「支援者」を意味します。一般的に役員クラス以上の役職の人です。コミュニティマネージャーは、社内での影響力の高いこのスポンサーの力を最大限に活用し、社内への発信をデザインするのが得策です。

また社内といえども、絶えず中途入社の社員は入ってきますし、部署異動も発生しますから、**継続的な発信が必要**です。例えば月ごとに活動レポートを社内報に載せてもらう、などです。

ここで事前に調査しておきたいのは、「**どの社内メディアが一番社員に見られているのか**」という点です。社内報なのか、社内ポータルサイトのトップ画面なのか、ファイルサーバーへの入り口なのか、です。集めたい人たちの属性集団が、どんな情報のルートをたどっているのかを押さえることができたならば、そこへ継続的にスポンサー含めた権威とともに発信を続けます。それにより徐々にではありますが、確実に認知度を上げることができるでしょう。筆者の場合は、全社員が必ず勤怠を入力することに着目し、人事ポータルサイトなどに情報を載せてもらっていました。

誰に対応させるかも考えてみる―社内メディア―

認知度が上がり活動の実績を積んだ後は、社内の様々な部署から協力依頼が押し寄せます。例えば対外的な発信ネタにされたり、人事採用のコンテンツにされたり、多くは企業イメージの向上を目的としたメディアに載せられることが多くなってきます。そのような依頼は基本的にすべてに対応すべきでしょう。ただし、コミュニティマネージャーがすべての矢面に立つ必要はありません。むしろ、コミュニティに参加するメンバーの属性を押さえて、彼らがどの依頼において矢面に立てば社内での評価が上がるのかを考えるべきでしょう。人事から来ているコラボレーション依頼であれば、その矢面に立たせるべきは人事出身や人事への異動希望者であるメンバー、本業で人事グループと関わりの深いメンバーなどになります。そうすることにより、コミュニティ参加メンバーの帰属意識も高まる絶好の機会となります。

このように、所属する企業においてコミュニティを立ち上げ、拡大していく道程では、企業が対外的に伝えたい情報のアイコニック（象徴的）な存在として扱われる機会が出てきます。そのような機会を見逃さずに適切なメンバーを発信者としてアサインし、評価につなげるというような流れをうまくデザインするのもコミュニティマネージャーの腕の見せ所と言えるでしょう。

拡大期あるある―合併話―

企業内コミュニティを拡大していく道程で、必ずと言っていいほど上がってくる話題としては、「社内（またはグループ内）における既存の他コミュニティとの合併または融合話」があります。組織というものはなぜか集約するという意識が自然と働いてしまうため、同じようなことをしているなら一緒になっちゃえば？という具合です。

筆者の意見は、**「早計な融合や合併は避けるべき」**と考えています。そもそも企業やグループ内のコミュニティ数を制限するものはありません。一方の予算が潤沢でもう一方の予算がない、などの特別な事情がない限り、「活動内容がなんとなく一緒だから」という理由で融合させるのは得策ではありません。

筆者も、みずほFGにおいて運営していた企業内コミュニティの「コクリエ」において、当時拡大の一途をたどっていた時期がありました。拡大期です。その時、我々よりもはるか以前から活動していたセキュリティ系のコミュニティが存在していました。サイバーセキュリティに特化したコミュニティであり、定期的な仮想訓練や日々の技術情報交換などを行い、金融業界におけるセキュリティというテーマで活動していたコミュニティです。あるとき、我々のスポンサーより紹介され彼らと会合を持ちました。しかしながら双方の合意の下で、融合・合併には至りませんでした。理由は、最終的に目指す目標が異なったからです。なお、現在でもこの2つのコミュニティは、活発にそれぞれ活動し、成果を上げているようです。

これから参加しよう、という社員にとっては「コミュニティの総合デパート」みたいなものがあったとしたら、それはそれで入会しやすいでしょうし安心感もあるでしょう。特化型コミュニティは特化型であるがゆえに入会のハードルは上がります。しかしそのハードルを越えてきた参加メンバーの熱量に、コミュニティを動かす原動力は宿っているとも言えるのです。

オペレーションが複雑化していく

ある程度拡大し、認知度も向上していくと、コミュニティは当初想定していたオペレーションでは回らない部分が出てきます。例えば、「会員登録の方法がわかりにくい」とか「イベントがいつ開催されているのかがわかりにくい」や「参加するためにはどの程度のレベルが必要なのかがわからない」といった課題が出てきます。

基本的に、運営のオペレーションが軋み出す、軋み出したことにコミュニティマネージャーが気づくきっかけは参加メンバーからの声（不満）です。前述の通り、コミュニティマネージャーはコミュニティに参加してくれるメンバーが快適に活動できるか、を第一と考え全体調整を行うべきです。筆者も数々のコミュニティを運営し、拡大期を経験してきましたのでそれらをベースに、どのような不満が噴出するのか、どのように対応するべきなのかを考察していきます。なお、このオペレーションについては「企業内コミュニティ」「ユーザーコミュニティ」共通です。

代表的な軋み　その1

こんな声、投稿を見かけたら注意です。

- **どんなコミュニティなのかわからない**
- **どうやって入会すればよいのかわからない**

拡大期ですと、そのコミュニティは多数の多様な人材が既存メンバーとして活発な活動をしています。支部や分科会、イニシアティブ活動として枝分かれした活動も多岐にわたるでしょう。そのような環境に新規参加メンバーとして検討する人がちらっとのぞいたときにどう映るでしょうか？　きっとそのようなシーンで、右記のような不満が出てくるのだと思います。このような時の対策は次の通りになります。

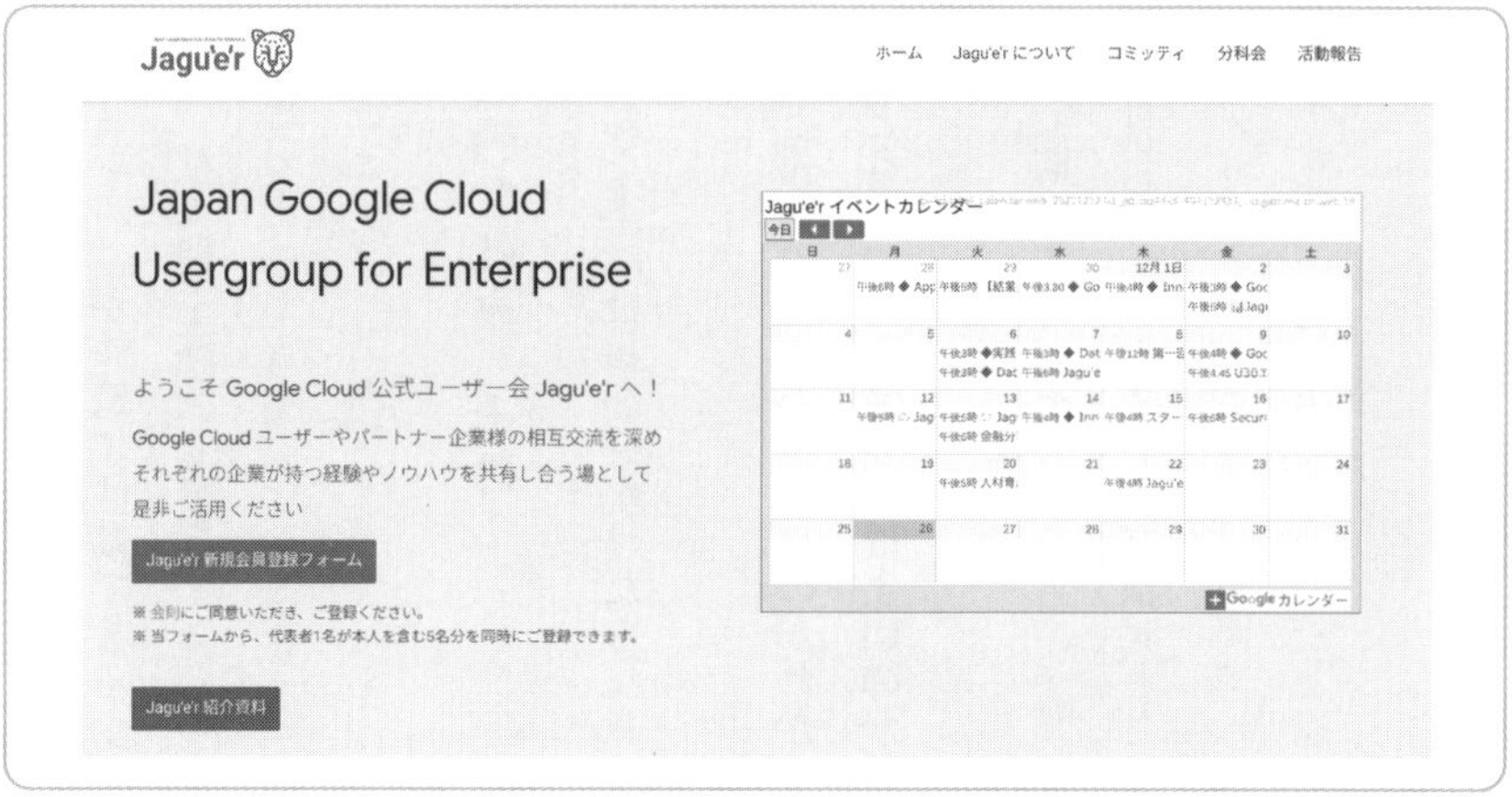

図2　Jagu'e'r Webサイトのトップ画面、右上にカレンダーを設置

軋み－1への対策

情報発信の場を設けます。オープンなWebや、全社員が到達可能な社内ポータルサイトなど、検索すれば誰でも到達することができる場所にあることが望ましいです。そこで最低でも次の情報を公開します。

(1) コミュニティの活動理念（ビジョン）、存在意義
(2) 会員になるための条件と登録までのルート
(3) 会員のルール、お約束事項
(4) 活動の内容とスケジュール
(5) 変化する会員と活動の属性（調整含む）

「何者であるのかが不明瞭」なものに対して、人はネガティブな感情を抱きがちです。Jagu'e'rでも同じような意見を参加メンバーからもらうことが増えてきました。「企業内コミュニティ」であれば主に社内に向けて、「ユーザーコミュニティ」であれば、社内外に対して定期的に「自分たちのコミュニティはこのような

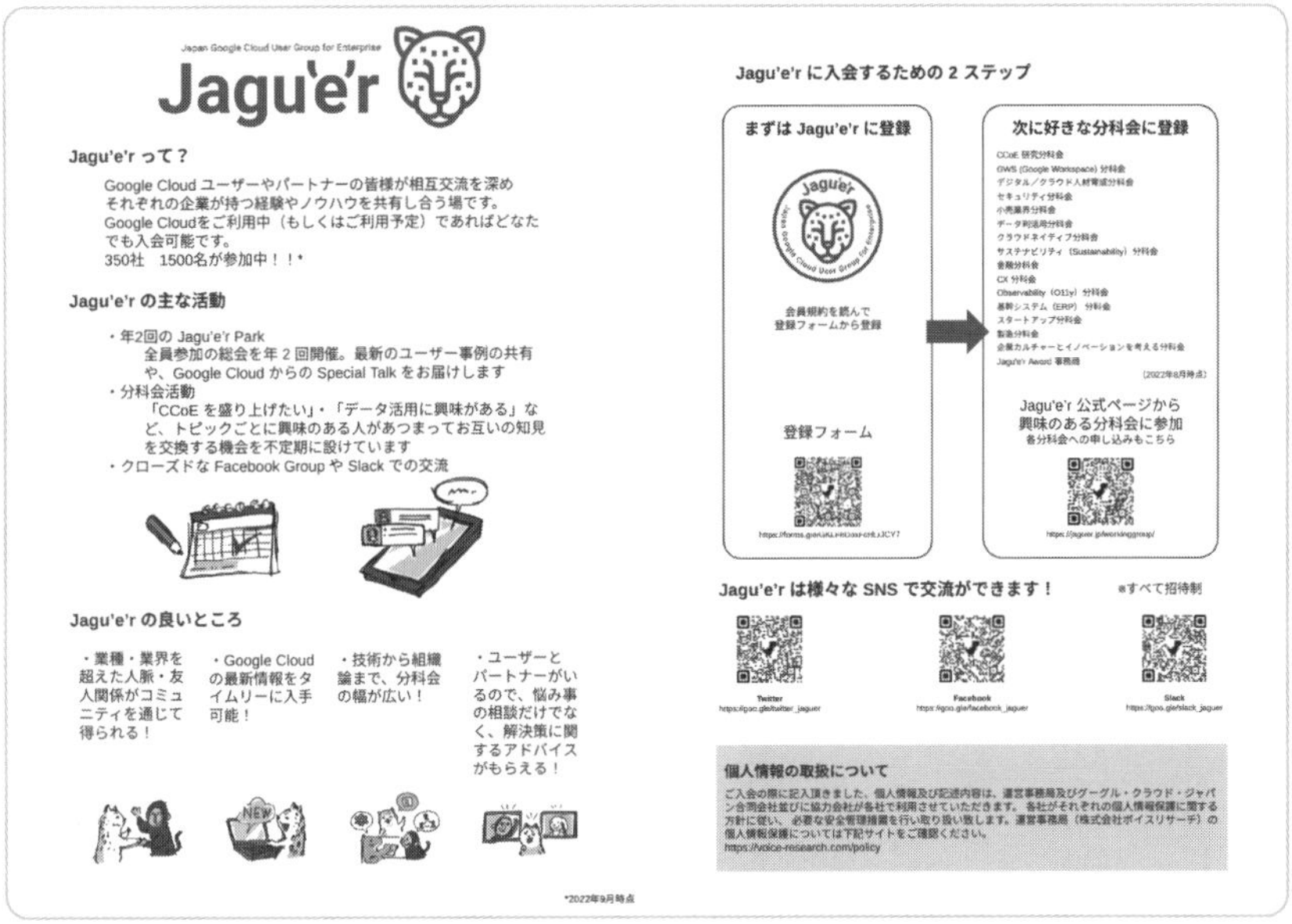

図3　誰でもダウンロードできる紹介チラシの作成

ものです」という情報発信を定期的に実施していくことが重要となります（前述の（1））。

Jagu'e'r は会員登録を経て、オープンな分科会にはそのまま自由に参加することができます。一方で一部の分科会はクローズドな運営をしているため、もう一段階の登録申し込みが必要です。その点もしっかりとポータルサイトに説明を入れています。（前述の（2））。

第2章でも紹介した通り、会則は重要です。こちらも改めて掲載しましょう（前述の（3））。

Jagu'e'r では、頻繁に開催されているミートアップやイベントについては、誰でもアクセスできるカレンダーを Jagu'e'r の Web サイトに配置しました（前述の（4））（図2）。

活動内容の説明用の資料としては、説明がシンプルな紹介資料を誰でもダウンロードできるよう Web に配置しました（図3）。

ちなみに図2のカレンダーや図3の資料について

は、参加メンバーの切実な声から生まれています。メンバーからは、コミュニティのオペレーションを改善するネタをいつでも、有効的に採り入れることが重要です。現状に甘んじることなく、改善を続けていくのだ、という確固たる姿勢を見せていくことも参加メンバーの帰属意識や安心感へ大きく影響していきます。

さらに、拡大期ではコミュニティに対し外部の人々が描くイメージも逐次変化していきます。参加メンバーが増加し続け、多様さが増していくので当然とも言えます。前述しましたが、もともと想定していたコミュニティの活動イメージからかけ離れた活動が内部から発生したりもします。設立当初からそのコミュニティに属しているメンバーからすると「なんか変わってしまったな」となりますし、新規で入ってきたメンバーは「聞いてた（想像していた）イメージと違う」となってしまいます。コミュニティマネージャーはそのようなコミュニティに対する期待値と現在あるべき姿を適切にコントロールしていくことが求められます（前述の⑤）。

前述した自浄作用を最大化させていくのがもちろん有効ですが、短期的な対策として、新しい取り組みの早期段階から関わっていくことも有効かもしれません。例えば、様々な企画会議に顔を出し、コミュニティの軸としての活動理念を刷り込み、場合によっては軌道の微修正を図る、といった地道な活動です。いずれにしろ、フェーズごとにチェックポイントを設けることは、ある程度必要となってきます。

増えていくメンバーの管理が追いつかない

これもオペレーションの問題と、ひとくくりにできそうですが、違う側面も大きいのでここでは切り分けて説明しましょう。

代表的な軋み　その2

おそらく、どのコミュニティでもある程度のデータベースで会員の情報を集約管理していると思います。これが拡大期になってくると、日々登録者が増え続けていきます。そんな状態になると何が起こるか？　オペレーションが回らなくなる、というのはもちろんですが、もっと大きい問題が潜んでいます。

登録者個々のWill（そのコミュニティに入ろうと思ったきっかけ、コミュニティに期待すること等）を把握することが困難になることです。

入った側からすると、自分の希望を伝えているのにもかかわらず、運営側がそれをくみ取ってくれている実感が湧かない→コミュニティへの帰属意識が失われいく→距離を感じるという連鎖を生みます。

軋み－2への対策

まず、登録フォーム（Google Formsなど）では必ず「コミュニティに入ろうと思ったきっかけと実現したいこと」（Will）の設問を用意します。その上で、定期的に新規登録者の登録背景とWillを棚卸しします。特にWillの中には、緊急にフォローした方が良いようなメッセージ性の強いものも含まれています。すべてのWillをタグ付けし、グルーピングするなどすれば参加メンバー全体のWillの傾向、プライオリティがわかってきます。

このように、登録時点でのメンバーのWillや背景は、今後のコミュニティ運営に非常に大きな意味を持つ情報にあふれているのです。可能な限り収集し、分析し、対応していくことで、皆さんの運営するコミュニティへのエンゲージメントはさらに高まっていくことでしょう。

コミュニティマネージャーの負担が増加するが評価が高まらない

これは、主に企業内コミュニティで見られる現象です。ユーザーコミュニティであれば、ロールとしてコミュニティマネージャーが設置されていることも多く、そのＫＰＩも明確で達成すれば評価されることがほとんどでしょう。そのようなロールやＫＰＩが存在せず、半ば自然発生的にそのポジションに就くコミュニティマネージャーが陥りやすいのがこの問題です。

代表的な軋み　その3

拡大期にあるコミュニティでは、オペレーションの不備などが指摘され始めたり、コミュニティの活動軸に影響を与えるような事象が発生したりと、コミュニティマネージャーが先陣を切って対応せざるを得ない局面が多々出てきます。拡大期ですから、その業務量は落ち着くことはなく、日々増えていくかもしれません。社内に認知され始めた段階のコミュニティなどでは、他部門のマネージャーなどから説明を求められる機会も増えたりします。その対応にも腐心することになるでしょう。

このように様々なアクティビティを半ばボランティアでこなしていく一方で、コミュニティマネージャーがその企業の評価軸に当てはまるか、というとそうでないことがほとんどのようです。一生懸命に、所属する会社やグループ、ともに働く仲間の未来のためを想い、企業内コミュニティを立ち上げ活動を推進してきた旗振り役の社員は、自らを適正に評価してもらうために、悲しいかな人事に対して自らアピールしないといけないのです。

軋み－3への対策

まず、コミュニティマネージャーの負担が増加していく点については、新たな協力者を社内で見つけるか、もしくは予算を獲得し外部へコミュニティのオペレーション業務を中心に委託します。協力者を探したり、予算を獲得することは厄介ですが、そこまで踏み込むことこそ、コミュニティマネージャーが本来やるべきことでしょう。「コミュニティの円滑な運営」や「後進の育成」にもつながりますので、ぜひチャレンジしましょう。

また評価の面でも、対策があります。まず、本業で携わっていることに対して、コミュニティ活動で得た知識や人脈、アウトプットが紐付けられているかどうかを一度確認してみましょう。あるいは、今後コミュニティから出てくる、または得られるであろうものについて、あらかじめ本業との関わりを意識して活動していくことです。それにより企業の評価がなされるタイミングの際に、紐付けをアピールすることにより「コミュニティへの貢献＝本業への貢献」として認められやすくなるでしょう。本業の評価のポイントにコミュニティからの成果物を重ねることが重要です。

本業との紐付けが難しい場合

とはいえ、既に本業との関わりが期待できない段階になっているコミュニティ活動もあるでしょう。人事部の事務職であるにもかかわらずＤＸコミュニティに属し、「コミュニティをリードしクラウドなどの最新技術をハンズオンで学ぶ会を企画し推進しました」といったところで本業との紐付けはイメージできません。評価する側も苦心することでしょう。このような状態にあるコミュニティマネージャーへの対策として、次の３つを紹介します。

（１）直属の上司よりも、さらに上位のエグゼクティブの理解を取り付ける

おおよその日本企業は、ヒエラルキーが強固です。直属の上司の理解や評価が得られないとしても諦める必要はありません。筆者の経験上、**上位へいけばいくほど、エグゼクティブは好んでコミュニティのような活動に理解を示すことが多い**です。臆せずコミュニケーションすることで理解を獲得し、それを直属の上位層へ伝えましょう。きっとあなたの評価は変化していくことでしょう。

（２）他部門とのコラボレーションにより所属企業への実益をもたらす

所属する部門での業務（本業）とコミュニティ活動でのアウトプットを紐付けにくいため評価を得にくいのであれば、一段階目線を上げてみてはどうでしょうか。部門にとっての利益になったかどうか、貢献できたかどうかではなく、所属する企業、グループ全体に何かしらの実益が出ていないかどうかの目線で見てみるのです。所属部門では直接的な貢献とはならないが全社としては実益が出ている、ということが数字で示すことができたのなら、それを評価段階で第三者が無視することは難しくなります。

（３）外部メディアや外部コミュニティでの告知により外部での評価を高め、それにより内部評価を生み出していく

こちらについては、まず筆者の経験談をお話ししたいと思います。当時はグループ横断でテクノロジーを学び、自らの業務課題を解決するためのヒントを獲得し、社内外とのつながりを増やすことを目的に、社内でテクノロジーを学ぶコミュニティを運営していました。一方で本業は全く別の業務でしたから、そのコミュニティがいかに拡大し、メンバーから喜ばれようとも人事的な評価には全くつながらないという状況でした。筆者は、そのコミュニティ活動の成果を外のコミュニティやIT系のイベントの登壇時に盛り込み、積極的に発信するようにしていました。

するとどうでしょう。筆者の社内の役員であるAさんから「活動について詳しく教えてくれ」と依頼があったのです。詳しく問い合わせの経緯を聞くと以下のようでした。

- **Aさんと付き合いのある他社の役員Bさんが、たまたま筆者の登壇を外部イベントで聴講した**
- **Bさんは、筆者のコミュニティ活動に大変感銘を受けてくださった**
- **Bさんは、後日その内容をAさんに会食の際に伝えた**
- **Aさんは社内での筆者の存在を知らず、興味が湧いて応援もしたくなったので問い合わせた**

実は、このような事象は筆者の会社員人生で数回あります。このように問い合わせをしてくださった役員や偉い人たちは、必ずと言っていいほど、後のスポンサーになってくれました。このように、**企業の外部で自身の活動を発信することで、その聴講者をたどって、自社に情報が好意的に還元され、自身の活動の後押しとなる事象がはっきりと存在**します。コミュニティ活動は内部であれ、外部であれ、そのような好意的な感情をうまくキャッチし循環してくれるプラットフォームでもあるのです。筆者はこの事象を、親しみを込めて「外圧」と呼んでいます（第1章のコラム「コミュニティの外圧効果」参照）。

コラム　銀の弾丸はない ―ROM専門メンバーについて―

よく「ROMる」[注1]と言われる集団が、コミュニティの内部にある程度生まれてしまうのも事実です。Slackなどでのコミュニケーションにおいて、そのコミュニティの中心人物だけが投稿・発言し、その他の大多数はそれを流してみているだけの状態です。日々熱量をもってコミュニティに参加しているメンバー側からすると、「もっと発信してほしい」「もっと反応してほしい」とヤキモキする気持ちを抱くかもしれません。どうすれば熱量を持つメンバーを増やしていくことができるのだろうか？　議論を重ねてみましたがこの点については銀の弾丸はない、という結論です。

とはいえ、気にはなりましたので、筆者も運営しているコミュニティで、ROM専門だ、と自称するメンバー数名に話を聞いたことがあります。彼ら、彼女たちから得られた意見や感想は、「盛り上がっていることは知っているが何を投稿すれば良いのかはわからない」そして「ROMっているだけでも充分に満足している」「ほぼ毎日Slackを見ている」「ためになる情報が都度発信されていて非常に重宝している」などでした。

ここで筆者としては、ある「気づき」がありました。そもそも参加メンバーそれぞれで、コミュニ

注1　"Read Only Member" の略称。かつての「2ちゃんねる」をはじめとした電子掲示板やメーリングリストなどのインターネットコミュニティにおいて、投稿せずに閲覧のみを行うことを表す日本のスラング。Twitterをはじめとしたソーシャルメディアや、動画の生配信などでも用いられる。

ティへの参加スタイルが異なっているのです。中には熱量を持ってROMっている人もいます。一方で、日頃からSlackやSNSに頻繁投稿やリアクションを重ねる、熱量が高い人もいます。後者からすれば「もっと反応してほしい」とか「もっと意見を聞かせてほしい」と感じているかもしれません。しかし、ROMっている人たちは、何も参加したくてモジモジしているわけではなく、情報を受け取るだけで非常に満足していて、コミュニティに帰属していることに価値を見出す人もいるのです。

このように日頃はコミュニケーション上に浮き上がってこないメンバーが、一定数は〝熱量とともに見ている〟ということは、実は大変重要です。つまり、コミュニケーションをリードするメンバーは、自分が思っているよりも、自らの発言ははるかに多い目・熱い目に晒されているということを意識する必要があるということです。反応がないからといって諦めず、胆力をもって発信し続けることが、まだ見ぬ誰かの助けになっている、励ましになっていることを忘れてはなりません。

ROMっているメンバーの中には、コアメンバーの熱量についていけず、疎外感を感じ、コミュニティへの熱量が薄まってきている層ももちろん存在します。そんなメンバーを活性化させることは一朝一夕では叶いませんし、銀の弾丸もありません。発信者の絶え間ないアウトプットこそが彼らを刺激し、次のステージへと推し進める原動力となるのです。

この本を読んでいる人の中で、自分がコミュニティの中で発信側にいるな、と感じているのであれば、今後もそのスタイルをぜひ貫きましょう。あるいはROM側にいるなと感じているなら、どうぞ臆することなく自身の参加しやすい環境で参加し続ければいいでしょう。皆さんが各々のスタイルを継続していくことが大事です。そして、それができるのもコミュニティの良さです。

3.3 コミュニティ成熟期 ―健全な成長と継続のために―

皆さんが運営するコミュニティがある程度の規模まで育った後、期間を経てそのコミュニティは成熟期へと突入していきます。成熟期のコミュニティは市場や社内でも充分に認知され、その活動も市場や会社全体に影響力を与えるものとなっているでしょう。しかしながら、様々な課題を内包するのも事実です。それらを整理するとともに解決策を考えていきたいと思います。成熟期を迎えたコミュニティには、次のような現象・課題が発生します。

(1) 運営コアメンバーの熱量低下と入れ替わり
(2) LT登壇者、イベント運営者を担う人材が不足する
(3) 類似するコミュニティの出現と参加メンバーの流出・分断
(4) 次世代のコミュニティマネージャーへの引き継ぎ

これらの現象と課題についても、コミュニティのさらなる発展と継続をしていくために、有効な対策を考えていきます。

運営コアメンバーの熱量低下と入れ替わり

これまでコミュニティを盛り上げてくれていた人材が様々なきっかけで熱量を失い、コミュニティから距離を取るケースがあります。例えば、コアメンバー自身の環境変化（転職、異動、社内でのポジション変化、上司の交代など）であったり、単純にコミュニティが取り扱うテーマ、ビジョンへの興味を喪失してしまったケースなどが挙げられるでしょう。

代表的な軋み　その4

コアメンバーが物理的、または精神的に離れていってしまうと、残されたフォロワー、新規メンバーで同じ熱量を維持していくことになります。そしてそれは大変困難な「再稼働」となります。「あの頃は良かった」「あそこからなんか変わってしまった」などのワードがメンバーから出てくるようになると、指数関数的に不満足な感情の量は増えていきます。

軋み-4への対策

このような状態に仮になってしまった場合は、残ったメンバーの中から新しいコアメンバーを選出し、あの頃の熱量を再現すべく再始動をしていかなければなりません。コミュニティマネージャーは新しいコアメンバーとなりうる人材を早期に見定めておき、その時が来たときの備えとしておくことが重要です。

また、そもそも「コアメンバー脱退」のような兆候の多くは、事前に察知することが可能です。コアメンバーに任せつつも、コミュニティマネージャーとしてはそのような兆候をキャッチできる姿勢をキープしていくことも、併せて重要と言えます。例えば、次のような兆候があります。

・**在籍する企業、部署への不満が多くなった**
・**転職を匂わせる発言が多く出てきた**

その場合転職しても同じように参加できる環境をあらかじめ整えておく、とか、プライベートの変化にも柔軟に対応できる環境を整えておく、という事前準備が可能であると思います。「起こりうる急激な変化」にどれだけ柔軟性をもって対応することができるのか、その状態を保つことができるのか、はそのコミュニティの強さそのものです。コミュニティマネージャーはぜひ、中長期的視点とコアメンバーへの健全な好奇心を保ち続けていただきたいと考えます。

LT(ライトニングトーク)登壇者、イベント運営者を担う人材が不足する

代表的な軋み　その5

コミュニティでイベントを企画しているとします。こんな経験はないでしょうか?

・**イベントで運営側を担ってくれる人を募集してもなかなか集まらない**

- **出演者側（LT登壇者など）に応募してくれる人がいない、少ない**

このような状況のコミュニティは、結構多いのではないでしょうか。これはコミュニティが成熟期を迎え、一種の飽きがきている状態とも言えます。あるいは、参加メンバー自身の熱量が下がり、それがオーディエンス層にまで伝わっていることが遠因となっている場合もあるでしょう。このような状態に陥ってしまうと、イベントも盛り上がりませんし、何より特定のメンバーへの負担が増していきます。「あの頃は楽しかったイベント運営も今や少ない人数でこなすことが目的となってきている。楽しくない」といった感情も生まれてくるでしょう。

LT登壇者などが集まらない場合も同じで、「自分たちは必死になって準備しているけど賛同者って実は少ないのでは？」という負の感情になっていきます。これはコアメンバー、フォロワーなど熱量が残っているメンバーの熱量を削いでいくことになり大きな問題となります。

軋み-5への対策

実際に様々なコミュニティが、この「運営側に人が集まらない問題」にこれまで対峙してきています。ここではその中でも筆者が実際に見聞した対策、あるいはコミュニティマネージャーとして行ってきた対策を挙げていきたいと思います。

（1）新規加入者には自己紹介を兼ねてLTに登壇してもらう

これは、「あらかじめそういうルールですよ」ということにしておかないと後出しジャンケンのようになるので要注意です。つまり人前に出ることを想定していなかった、いわゆる前述の「ROMる」前提のメンバーには非常に居心地の悪い打ち手になってしまうからです。その点を留意し、受け入れてもらえれば、LTなどの登壇者不足に悩まされることは減ります。

（2）他のコミュニティと連携する

自らのコミュニティのみで人員を確保することが難しい場合、思い切って他のコミュニティとコラボレーションすることも検討してみましょう。例えば他のサブコミュニティ（分科会）や、他社のコミュニティ、社内の別コミュニティなど、周囲には様々なコミュニティがあります。コラボレーションすることにより、単純にそのコラボ先の力を借り受けることができますし、今後の運営のヒントも得られることでしょう。特段、秘匿すべき内容を流通させているコミュニティでない限りは、コラボレーションの可能性を常に探っていくべきです。

（3）イベント回数を減らし別のコミュニケーションプラットフォームで継続させる

イベントはやることが目的ではなく、手段です。そもそも、参加メンバーが気持ちの良い手段で素晴らしい体験を得ることができればよいのですから、イベントに執着する必要はありません。

運営を担ってくれる人材やLT登壇してくれる人材がいないのであれば、いっそのことイベント開催計画を見直すことも必要かもしれません。毎月イベントを行っていたとしたら、その数を減らして、年に1、2回のビッグイベントのみにするといった対応も有効でしょう。回数が減ればそれだけ集中してリソースを投下することが可能ですし、運営側の疲弊や徒労感も薄まります。また、開催が少ないことで、参加メンバーにとってはレア度が増します。きっと参加率へも好影響が出るでしょう。

ただし、この対策を採用するにあたり留意しなければならないのは、この開催の谷間に何をやって参加メンバーの熱量を維持するか、です。イベントが年2回しかないと仮定して、その間何をしていくのかということです。例えばSlackのようなコミュニケーションツール上での情報交換や意見交換、Q&Aをメインのアクティビティと定義し、年2回のイベントはあくまでサブ的なもの、と位置づけてみてはどうでしょうか？

大切なのは、あくまで参加メンバーのモチベーションの在りかです。イベント等で他者と交流したいのか？　それとも単純に情報を得たいだけなのか？　その在りかを見定め、必要な打ち手を試していきましょう。

(4) コミュニティへの登録プロセスに、運営や登壇へのモチベーションについてヒアリングする点を組み込み、YESの人に個別に声をかけて陣営を常に潤沢にしていく

コミュニティへの新規登録プロセス（所属や氏名、メールアドレスなどを入力していく登録プロセス）へ、いわゆるアンケートのようなものを追加するイメージです。そこである程度、参加登録時の「熱量スクリーニング」が可能になります。アンケートとしては、次のように簡単なもので大丈夫です。

- **運営メンバーとして参加しますか？　はい／いいえ**

・今後イベント等でご登壇いただくことは可能ですか？　はい／いいえ

余裕があれば、フリーコメントが入力できるセクションなども用意してみてもいいかもしれません。コミュニティマネージャーは、入力内容を後から参照することで、参加者の登録時のモチベーションや熱量を解像度高く認知することができるでしょう。

イベントごとに挙手制で、その都度、「誰かいませんか～？」と聞かれたところで、なかなか手を挙げるモチベーションが湧かないのは、筆者も同様です。そういう人は多いでしょう。コミュニティに登録した時点での、最も熱量が期待できるタイミングでこのヒアリングを行っておくことで、通常時ではハードルが高いように感じてしまう運営メンバーやLT登壇者などへ参加する心理的ハードルを下げることが可能です。〝普段は遠いと感じているあちら側〟を近く感じさせることができるのです。もちろん様々な事情で「あのときはそう思ったけど今は違う」と拒否されてしまうこともあるでしょう。しかし、都度挙手してもらうよりもはるかに、成功率は高くなります。

(5) ツールやシステムで〝人の手が介在しない〟方法で機械的に指名していく

この対策は現在コミュニティマネージャーとして携わっているJagu'e'r〈Google Cloud のユーザー会〉のCCoE研究分科会[注2]で実際に行っているものです。この分科会の運営はうまく回っており、メンバー数名とともに、日本で初めてのCCoEをテーマとした書籍を執筆、刊行することもできています。さて一見うまくいっていそうな分科会ですが、課題もあります。

注2　CCoE研究分科会は、CCoE（Cloud Center of Excellence）という、組織の中でクラウド利活用を推進するチームのコミュニティマネージャーが集まり、情報交換を行っていく趣旨で作られたJagu'e'r初の分科会。80社、100名以上のメンバーで構成されている。

イベントごとにその活動内容レポートとしてJagu'e'rのWebサイトへブログを出しています。この執筆者を毎回挙手制で募っていましたが、参加メンバーから手が上がらないのです。しばらくは我々運営側で執筆をまかなってきましたが、コミュニティとしては参加メンバーに感想も踏まえた執筆をお願いしたいということになり、どうしたら引き受けてもらえるのか議論を重ねました。

ここで採用したのが、ルーレットにより自動で執筆者が決まるという仕組みです。当たったら書かなければならないという一見横暴な仕組みに思えますが、皆さん意外にも楽しんでルーレットタイムを見守ってくれているようです。運営側から指名した場合、指名する側にもいくばくかの罪悪感が残るでしょうし、コミュニケーションも複雑になります。かといって持ち回り制などにすれば、責任感でちゃんと書いてくれる人と、スキップする人などが出てきて不公平感が生まれます。どちらも生身の人が介在するので余計なコミュニケーションが発生し、負の感情が生まれてしまいます。

そうであれば、いっそのことそれらを徹底的に排除し、**「第三者の機械が勝手に決めた」**というものであることが健全ではないかと考えたわけです。結果、この試みは受け入れられ、順調にブログが量産されている状況に至っています。「人の手を介在させるべき」「介在させるべきではない」「介在しない方がうまくいく」というようなシミュレーションを充分に実施した上、最適な手法を生み出していただければと思います。他の手法で有効だったのは、みんなでブログを書くことをイベントにしてしまう、という別な分科会での試みです。数人の有志が集まり、ブログ執筆担当者を囲み、イベントの録画を観ながらあれやこれやと意見や感想を述べ、1時間ほどで、一緒にブログを書き上げてしまうというものです。担当になった人が孤独に作業することになりがちなイベントレポートですが、それすらもイベントにしてしまい、楽しさを付加することでスムーズにブログを量産していくというとても新しく心地の良い試みだと感じています。

類似するコミュニティの出現と参加メンバーの流出・分断

ユーザーコミュニティであれば、他のコミュニティへの流出は競合他社へファンが移行しているという意味合いも含まれてくるため、可能であれば避けたい軋みです。

一方で企業内コミュニティの場合、社内のコミュニティ間移動であれば企業の内部でのことですから、許容すべきでしょう。当然ながら、メンバーを拘束するわけにもいかないわけですし、メンバーの異動により、新しくできた他コミュニティとのコラボが期待できる……といったメリットもなくはありませんが、そうそうまく行くとは限りません。ここでは、企業内コミュニティにも発生しうる、代表的な軋みを取り上げたいと思います。

代表的な軋み　その6　―ユーザーコミュニティの場合―

競合他社などから、類似するコミュニティの立ち上げがされることはよくあります。市場にて既に存在するコミュニティの課題点を解決するような運営を打ち出しており、魅力的に映るため既存コミュニティからの参加メンバーが移動、掛け持ち参加するようになっていきます。

軋み－6への対策

基本的にコミュニティへの参加は自由で任意のものですから、コミュニティ間での移動を妨げる術はありませんし、「いつでも、気軽に参加できる」というコミュニティの利点を潰してしまいます。あなたがベンダーサイドのコミュニティマネージャーであり、運営するコミュニティが成熟期を迎えたときに打つべき手は「そちらに行くことはおやめください」と懇願することではないのです。参加メンバーが離反していくという背景には、ここでも例を示しているように、飽きやマンネリ、運営への不満など様々な要因があります。対策としては、例えば要求獲得活動を定期的に行います。それによりご自身のコミュニティが抱える潜在的な離反理由を早期にキャッチアップすることができます。ひとつずつそれらの課題に向き合い解決していくことが、離反メンバーを最小限に抑える有効打となることでしょう。また、離反していってしまったとしても、魅力的な発信を継続していれば、必ずメンバーは帰ってきます。コミュニティは自由だから参加も離反も気にしないのでは、成熟期を迎えたコミュニティは魅力が減少していく中、それに抗う術を持つことなく、衰退の一途をたどります。参加も離反も自由だけど、いつでも帰りやすいし、帰りたいと思えるという運営と発信、改善を日頃から実行する、ということがコミュニティマネージャーの役割です。

代表的な軋み　その7　―企業内コミュニティの場合―

前述した通り、基本は単一企業グループ内部で複数のコミュニティが立ち上がっている、という状況ですから、許容しつつコラボレーションし、増力していく道を探るべきでしょう。しかしながら、実際はそう単純に進まないのが組織です。

例えば、他部門、他のグループ会社などから新しい類似のコミュニティが立ち上がるケースがあるとします。スポンサーは別の役員が担っていて、ステークホルダーも違うとします。

このような状況で企業内コミュニティが陥りやすい負の現象としては、**それぞれのコミュニティ間で「手柄」を奪い合う**ということです。少し考えてみればわかりますが、どちらのコミュニティも、その企業やグループのＤＸを達成するために立ち上げられたという点では同じ志を持っているはずです。しかしながら、それぞれのスポンサーやバックアップについている部門の思惑などが複雑に絡み、いつしかどちらのコミュニティがこの会社の中で主流なのか、貢献度が高いのはどちらなのか、という不毛な戦いに陥ってしまうケースが少なくないのです。企業組織、ヒエラルキー、評価、部門、会社員としての生き方などを背景に、参加メンバーの思惑も絡んできます。あなたがどちらのコミュニティマネージャーだとしても、それらの様々な思惑に相対するたびに辟易とするのでないでしょうか。

軋み－７への対策

このようなケースでの有効な対策は、相手のコミュニティも容認し積極的に相互交流（コラボレーション）を図るということです。単純に、イベントなどの単発でのコラボレーションに加えて、運営や参加メンバーの情報や、理想を言えば予算なども共有していくべきでしょう。

複数のコミュニティが企業内に存在する場合、その継続に強く影響してくるのは「予算」です。強いスポンサーや、〝豊かな〟部門が付いているコミュニティは、その存在意義や運営努力が多少脆弱であっても継続できてしまうというほど、予算は重要です。

ただし予算の共有はあくまでも理想なので、そこはうまく行くかはさておき、このような状況では「所属企業全体のＤＸを達成するための、連立したコミュニティの一翼を担っている」という捉え方をすることにより、コミュニティ運営のモチベーションの維持向上に努めるのが対策の肝になります。

次世代コミュニティマネージャーへの引き継ぎ

後継者問題、それは多くの〝初代〟コミュニティマネージャーの頭を悩ませる大きな課題です。自らが立ち上げ推進してきたコミュニティを何らかの事情で離れなくてはならなくなったとき、自分の意思を継いでリードしてくれる人はどこにいるのか？　もし幸運にもそのような人に巡り会えていたとしたら、どのように引き継いでいけばよいのか？　このような後継者問題に関しては、ユーザーコミュニティでも企業内コミュニティでも同じです。いずれも熱量のある初代コミュニティマネージャーが必ず存在し、初期～拡大期～成熟期へとコミュニティを導いてきたことでしょう。企業にとってＤＸを達成するためには、場合によっては長い年月が必要です。その土台を作っていくコミュニティも、数代の代替わりを経て発展させていくことが必要となるでしょう。

代表的な軋み　その8

後継者問題に解決策を見出すことができないまま、初代コミュニティマネージャーの引退を迎えてしまうケースが代表的です。最悪の場合、コミュニティは空中分解するなどの危機が訪れます。これは初代のカリスマ性や強いリーダーシップに依存しているコミュニティであればあるほど、その危険性は増します。

第3章　コミュニティ運営のポイント

軋み－8への対策

ここでは次の6つの対策を紹介します。

(1)日々のタスクを明文化しておく
(2)次世代コミュニティマネージャーを早期に幹部のポジションに任命しておく
(3)指名選挙制による次世代コミュニティマネージャーの発掘
(4)インセンティブをセットする
(5)外部からプロフェッショナルを調達する
(6)他のコミュニティに合流する

では、順番に見ていきましょう。

(1)日々のタスクを明文化しておく

これは、後継者探しに取り掛かるずっと前から取り組んでもらいたい事項です。コミュニティマネージャーの皆さんが日頃から何気なく行っている、「コミュニティを活性化するために実施しているアクティビティ」を明文化し、可能な限り見える化しておきましょう。属人化している組織ほど、コミュニティマネージャーやコアメンバーの経験値に基づくセンスで成り立っています。そのセンスを言語化することで、誰でも実行することのできる汎用性の高いものへと進化させておくのです。そうすることで、たとえ次世代のコミュニティマネージャーがカリスマ性や経験値を持ち合わせていなくても、円滑にコミュニティを運営していく手助けになります。かくいう本書も、そのような意図や願いが込められています。

（2）次世代コミュニティマネージャーを早期に幹部のポジションに任命しておく

コミュニティマネージャーは、簡単なロールではありません。コミュニティの参加メンバーの中で、次世代のコミュニティマネージャーを担うことができそうなメンバーを数名見出すことができているなら、自らがコミュニティマネージャーとして実施しているアクティビティをアウトソースしていきましょう。その際、きちんとロール名をつけてあげるのも有効です（副代表、コミュニティオーガナイザーなど）。それにより、次世代コミュニティマネージャーの候補たちは自分たちがいずれこのコミュニティを引っ張っていく存在になる可能性を感じ、コミュニティ運営により高い視座で臨むことになります。その視座と当事者意識は、実際にコミュニティマネージャーになったあとに不可欠なものです。

このような候補者は複数人が理想ですが、その際には多様性、今後のキャリア展望なども視野に入れた上で選定しましょう。コミュニティマネージャーは本業とプライベート、そしてコミュニティ運営の時間的バランスに苦慮するロールですので、可能であれば各候補者のプライベート状況も把握できているとベターです。

（3）指名選挙制による次世代コミュニティマネージャーの発掘

素養があり、コミュニティへの貢献度も高いものの、自らは進んでコミュニティ内でアピールしていない参加メンバーも存在します。そのような場合には、この手法が有効です。参加メンバーから一定の賛同を確保した上で、次世代のコミュニティマネージャーを指名してもらいましょう。もちろん指名されたメンバーの意思は尊重される前提で、彼らと丁寧にコミュニケーションし有望な後継者候補として育成していきます。

(4) インセンティブをセットする

コミュニティマネージャーは、非常に大変な業務です。本書でも何回か言及してきましたが、必ずしも評価に直結するものでもありません。それを後継者として引き受けてくれるのですから、ある程度のインセンティブを用意しておきたいという気持ちで、ここでは対策として挙げています。

例えば、企業内コミュニティのリーダーになるなら、「プラス評価がされるように既に人事と交渉済み」などがインセンティブとしてはベターです。そこまでとはいかなくても、ある程度、企業内で評価されるであろう土台を整備しておくのは、先代の努めと言えるかもしれません。

また、ユーザーコミュニティであれば向こう1年の活動予算は確保済みの状態にしておくなど、何かしら次世代のリーダーが活動することに対して助けとなるような「ギフト」を用意しておく、というような感覚です。少なくとも引き受けてよかった、と思ってもらうことで、コミュニティ活動にポジティブな気持ちの流れを作れるのではないでしょうか。

(5) 外部からプロフェッショナルを調達する

参加メンバーの中から次世代のコミュニティマネージャーが見出しにくい状況である場合には、この対策も考慮することができます。現在、筆者が知る限りでも数十人の専業コミュニティマネージャーの人がいます。いわゆる「コミュニティ運営のプロ」です。ある程度、追加の外部委託費用は考慮せざるを得ませんが、プロフェッショナルにコミュニティマネージャーとしてのロールを引き継ぐことができるため、一から育てる必要もなく安心感もあります。

ただし気をつけなければならないのは、プロにはプロなりのやり方がある、ということです。皆さんがこれまで築いてきたやり方と親和性があるか、参加メンバーや取り扱いテーマ、目的との相性など、様々な視点からコミュニケーションし確認していく必要があります。また数年間担当してもらえるよう、予算の目処もつけておくことも重要となります。何かしら問題があり、他のコミュニティマネージャーに変更しなければならない事態に陥ってしまった場合の対処法も事前に定めておきましょう。

(6) 他のコミュニティに合流する

これは時間稼ぎにしかならないことがほとんどですが、他のコミュニティと一旦合流させておく、という手があります。当然ながら他のコミュニティでは現職のコミュニティマネージャーがしっかりと運営しているので、こちらの後継者探しで困っているコミュニティ運営も併せてお任せできませんか？ということです。よほど、コミュニティ同士の活動目的とテーマ、メンバーに親和性があり、相手のコミュニティマネージャーとの信頼関係があって成り立つ手段ですが、うまくはまればある程度、次世代のコミュニティマネージャーを選定するまでの時間を稼ぐことが可能です。２つのコミュニティが融合することで新たな価値が生まれることになるかもしれません。

ただし、自らはこの間に既に引退していることでしょうから、その前に信頼できるコアメンバーにはゴールイメージを共有しておくことがマストになります。

コラム　地方企業のコミュニティの実際

筆者の学生時代の同期に、現在地方都市で企業内コミュニティを立ち上げ、推進している人がいます。彼とは縁あって再会し、企業内コミュニティについていろいろと議論をしました。学生時代では考えられなかったテーマですが、地方都市の中小企業において、コミュニティを運営していくコミュニティマネージャーの課題を共有することができたのと、チャレンジする彼の姿に刺激を受けることができて、大変有意義な時間でした。

ここでそのエピソードをお話しします。

彼は、新卒で大手企業に入社し、営業の経験を積んだ後、地元の企業に転職してデータサイエンティストとして働いています。彼は、データベースから顧客動向などを分析し、営業やマーケティングチームに有益な情報を提供しています。日頃からＩＴに触れ、最新のクラウド技術にも触れていることから現場とのＩＴに対する熱量の差に悩むことも多いそうです。

彼は、２年ほど前から一念発起し、社員が様々なビジネススキルやＤＸを基点とした知識を学ぶための場を作ることを目的にコミュニティを立ち上げました。

勉強会発足の背景

様々な背景をもとに「社会人の学び」を仕事とは違った観点で伸ばす環境として何かを学びたい意識のある社員や、研修とは別に若手社員が学習に取り組む上での動機付けの場として学びのコミュニティの必要性を感じ、2021年3月に発足。

2018年に経済産業省によって新たに定義された**「人生100年時代の社会人基礎力」**では、
①考え抜く力（シンキング）
②チームで働く力（チームワーク）
③前に踏み出す力（アクション）
に加え、下記の**新たな3つの視点**が加わった。

「何を学ぶか」
「どのように学ぶか」
「どう活躍するか」

https://www.meti.go.jp/committee/kenkyukai/sansei/jinzairyoku/jinzaizou_wg/pdf/007_06_00.pdf

経済産業省　未来人材ビジョン2022

「現場を支える方々を含めて、あらゆる人が時代の変化を察知し、能力やスキルを絶えず更新し続けなければ、今後加速する産業構造の転換に適応できない」

https://www.meti.go.jp/shingikai/economy/mirai_ jinzai/pdf/20220531_1.pdf

リスキリング革命

従業員に新しい能力や技術を習得してもらうことで、企業の生産性向上や従業員自身の能力向上を目指す。2021年のダボス会議において、リスキルの重要性が提唱されたことで大きく広まった概念

https://www.works-hi.co.jp/businesscolumn/reskill

【社外要因】 ●ビジネス環境・労働・雇用市場、求人業界の急速な変化やサービスの多様化

【社内要因】 ●商品のWebシフトによる新たな知識の習得かつ継続的な学習
●様々なツールの活用 (GoogleWorkSpaceや新たな社内システムツール)
●データ利活用に関連したリテラシー向上の必要性

これらは誰かから情報を受け取ったり、教えてもらう姿勢ではなく、自ら主体的に学ぶ意識・姿勢を持ち、必要な情報を得ることが重要。

勉強会の目的

組織における学びマインドの醸成

※醸成…一定の範囲の人々の間に少しずつ特定の雰囲気や考え方などを形成すること

学びたい意識がある有志社員の共感によるコミュニティ
継続的かつ定期的な（月1回）開催による学びの習慣化
部署を横断したつながりの構築
知識や経験をアウトプットすることによる社員や組織の成長促進
学んだことを誰かに教えることによる相互学習
※有志…そのことに関心を持ち、一緒に何かを促進しようという気持ちのある人

ママ社員のランチタイム学びコミュニティ
●同じ環境の仲間と学ぶことによるモチベーションの維持や効果の最大化
●子育て中のママ社員のつながりや情報共有

図4　友人が立ち上げたコミュニティの背景と目的

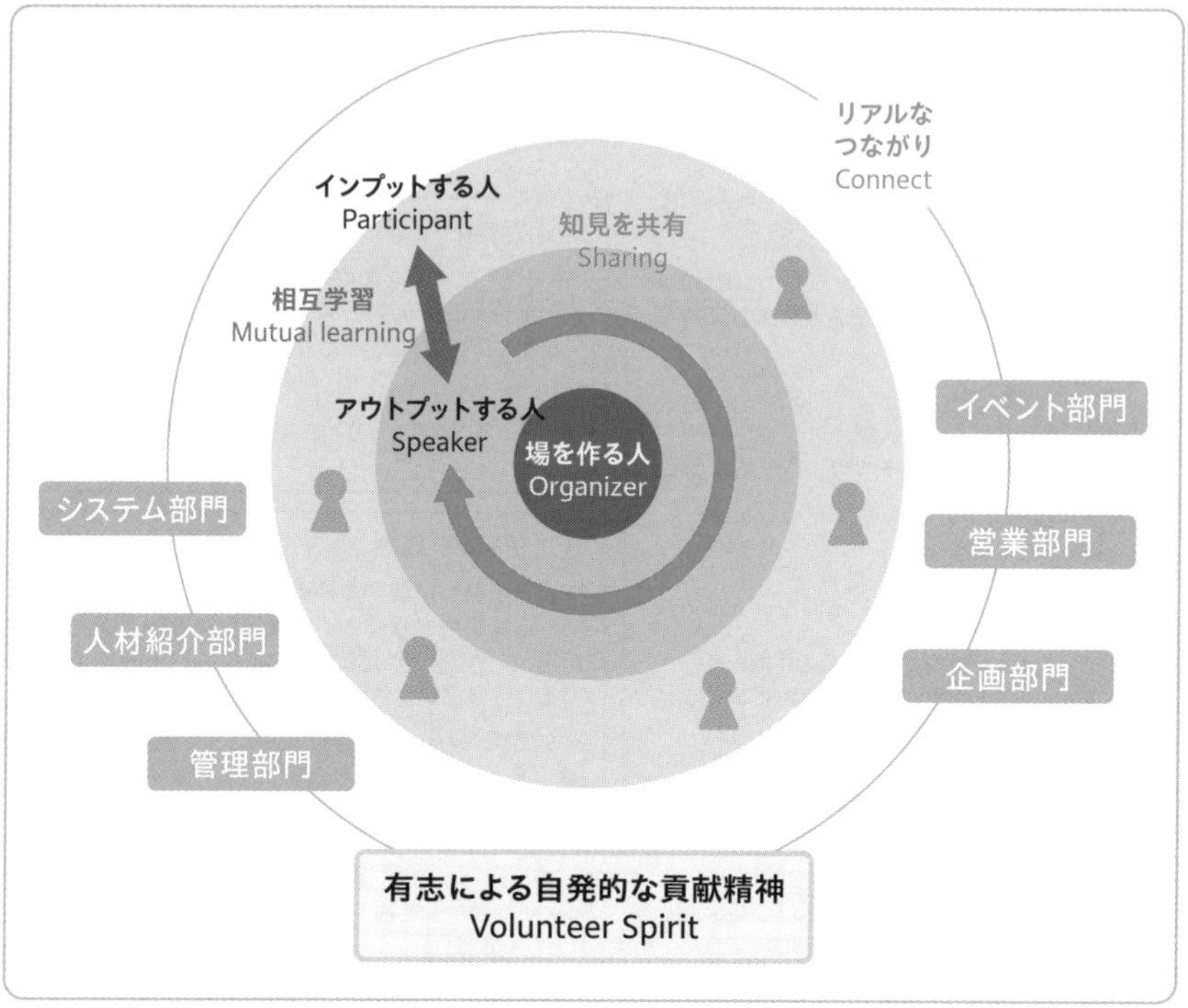

図5　友人のコミュニティの運用の仕組み

彼が立ち上げたコミュニティの目的、仕組み等は図4、図5に示す通りとなります。

最初は数人の参加者でしたが、現在では20回以上の勉強会を開催し、20人前後の参加者がいるとのこと。ここまでの話では筆者は「すばらしいな」という感想しか持ちませんでした。しかし、彼いわく会社側の事情を汲みつつも「コミュニティを継続するには課題が多い」とのこと。何が壁となっているのか、話を聞いていて出てきたのはおおよそ3つです。

- 会社からのバックアップはあるものの、業務時間後のコミュニティ活動ということも

あり、一定以上の予算確保が難しいため活動内容や範囲が限られる

- 所属する企業は、その土地ではブランド力があり、かつ、優良企業でもあるため社員の現状に対する満足度が高い分、新しい学びに取り組む目的を見い出しにくい
- 発起人自身に対して社内での評価は得られているが、業務時間外活動という位置づけから人事評価制度との紐付けがされていないため、継続するモチベーションの維持が難しい

企業内コミュニティがスケールし、維持されていくには、不可欠な要素があります。立ち上げ方を述べた第2章でも言及していますが、ここでも列挙したいと思います。

- **スポンサーシップ**
- **予算**
- **コミュニティマネージャーと参加メンバーの熱量**

彼を取り巻く環境は、このいずれもが抜け落ちている状況と言えます。

これを打破するべく、彼は社内への告知やスローガンによる目的浸透などを積極的に行ったり、分科会なども企画・実施しているということでした。ビジネスにおいて地方都市で一定の地位を築いていることはすばらしいのですが、一方で、もしかするとそのことにより外部環境の変化スピードに対してアンテナが立てきれていないのかもしれません。

首都圏で情報そして人材に比較的恵まれている環境（企業）で、企業内コミュニティを立ち上げることよりも、彼のように地方で理解者も少数ながら少しずつスケールさせていかざるを得ないケースのほうが、数段難易度が高いでしょう。

ただ、簡単に情報や人に会うことができ、コミュニケーションコストが他地域と比べて比較的低い東京などの大都市と比べて、コミュニティのような場が必要でかつ、効果も発揮しやすいのは、もともと地域コミュニティが根強く残っている地方都市のアドバンテージとも言えます。さらにコロナ禍を経て、オンライン化が進展し、ロケーションの格差はほぼなくなりました。これらを有効活用することで、地方都市発でありながら全国規模のイベントを開催したり、広く情報発信をするようなコミュニティが生まれ、育っていくことに期待しています。

いかがでしたでしょうか？

ここまでは、筆者の経験をベースに、２つのコミュニティの形態に併せた運営のベストプラクティスを探ってきました。

以降は、コミュニティからチームへと進化させていく方法論を第４章で紹介していくとともに、第５章からは、各有名企業においてコミュニティをリードしているコミュニティマネージャーたちへのインタビューをもとに、その活動内容を紹介していきます。

実際のコミュニティ運営における成功へのヒントを得ていただければ、筆者として幸甚の限りです。

第4章

コミュニティを チームに変えていく

図１　「ゆるーくつながっている集団」から、「チーム」へ変わっていく

本書で論じている「コミュニティ」とは、「共通の目的意識をもとに、企業が提供する、自己研鑽《さん》や情報交換をするための仮想・物理的な場や集団」と定義されます。つまりお互いに共通の利害や目的を共有し、仮想的にゆるーくつながっている集団ということができるでしょう。

では、コミュニティをチームに変えていくとはどういうことなのでしょうか？

本章では、良いチームの定義を振り返りつつ、「ゆるーくつながっている集団」から、「チーム」へ変わっていくためにはどうしたらいいかを考えていきます（図１）。

4.1 なぜ「ゆるくつながっている集団」から「チーム」に変わる必要があるのか

そもそも、なぜゆるくつながっている集団から、チームに変わっていく必要があるのでしょうか？　良いチームとは何かについてはこのあと考察をしていきますが、チームに変わっていくことのメリットは次の3点にあります。

メリット1　ただの情報交換の場から、縦横に広がるネットワークの場、学びを得る場など、多様なニーズに応える場に昇華される

ゆるくつながっているコミュニティは、情報発信が運営側からの一方向になりがちです。情報を発信したい人、どんな情報が発信されているのかなと聞いてみたい人、とりあえずタイトルに惹かれてなんとなく参加してみた人など、参加する動機は様々です。もちろん参加する動機は様々あってしかるべきですが、情報を一方的に受信するだけでは少しもったいないと思いませんか？　特に現在ではほとんどの活動がオンラインの中で行われ、他の参加者がどう情報を受け取っているのか温度感を感じることができず、オフラインで人の表情を見るよりも格段に、難しくなっている状況も無視できません。

ゆるくつながっているだけのコミュニティではメンバー個々のつながりが希薄になるゆえ、一つひとつのイ

ベントの参加者の熱量も上がらないし、忙しい中で片手間での参加となりがちです。片耳で聞きかじった一方的な講義よりも、参加者と発信者の垣根なくコミュニケーションが生まれる場所、その中で深まるアイディアやネットワークが個々の学びを深めていくと感じています。コミュニティは運営する側のものではなく、参加者にとっても受益がないと存続しません。

参加するメンバーそれぞれが自身の強みを発揮し、いろいろなアイディアを出し合い議論し、新しい取り組みをやってみることこそがコミュニティにとって有益であると信じています。そして、それを生み出してくれるものが「チーム」になったコミュニティであると筆者は考えます。

メリット2　多様なアイディアが生まれることにより、一人で思いつかないようなアイディアが生まれ、促進され、コミュニティ参加者にとっても学びがある

昨今、多様性が重要性ですという社会全体の風潮を感じることが多くなりました。ここでいう多様性というのは、男性・女性といったジェンダーにおける多様性だけではもちろんありません。多様なバックグラウンド、年齢、経験、勤務経験を持つ人が集まるだけで多様な視点が集まります。これは日々のコミュニティ活動で私自身も実感するところです。

例えば「Google Cloud のユーザーコミュニティ Jagu'e'r では Google Cloud との関わりがある多様なユーザー企業・パートナー企業の人が運営に参加していますし、役職、立場、年齢、勤務地、業種も本当にバラバラです。共通のテーマやトピックについて話し合っていても、全く異なる視点から意見が出てきたり、自分の業界

だとこうだ、自分の会社だとこういうケースが多い、といった話を聞かせてもらうだけでも自分では思いつかない視点が学びに繋がります。

ここで一つ事例を紹介します。２０２２年11月に、Google Cloud のユーザーコミュニティ Jagu'e'r 内の２つの分科会、データ利活用分科会と人材育成分科会のコラボイベントを開催しました。この２つの分科会を合わせることで、日頃、別のコミュニティとして交わることのないメンバー同士が「データ利活用×人材育成」というテーマについて自身の経験から通じた学びを発表・共有しました。

この中で同じ大手の SIer（Google Cloud のパートナー企業）と Google Cloud のユーザー企業から3名の方に登壇してもらいました。「データ利活用×人材育成」というテーマだけ提供し、発表の内容は各者にお任せしました。すると興味深いことに、同じお題を提供しても、そのときに取り上げたテーマや考察について三者三様だったのです。データ利活用ができる人材を育てるために、「そもそも学びをどう深めるのか？　そしてそのメカニズムは？」という観点での展開が各社様々だったのです。

登壇いただいた3社のうち、2社は Google Cloud のパートナーであるという点が共通していましたが、得意分野としている企業のバックグラウンド（総合ＳＩか、ＡＩ・データ分析が業務の中心なのか、あるいはコンサルティングからＩＴ立案が主戦場なのか）が異なるだけで、全く違う視点からの話を聞くことができ、一参加者としても心が震えてワクワクしました。発表内容の詳細についてお知りになりたい方はこちらをご覧ください（図2）。

ユーザー企業だけでなく、いろんな業種・業界で、エンジニアや営業・マーケティング企画といった職種の違いにかかわらず、経営者から一般社員まで、多様な人に関わってもらえることによって毎回面白い提案が

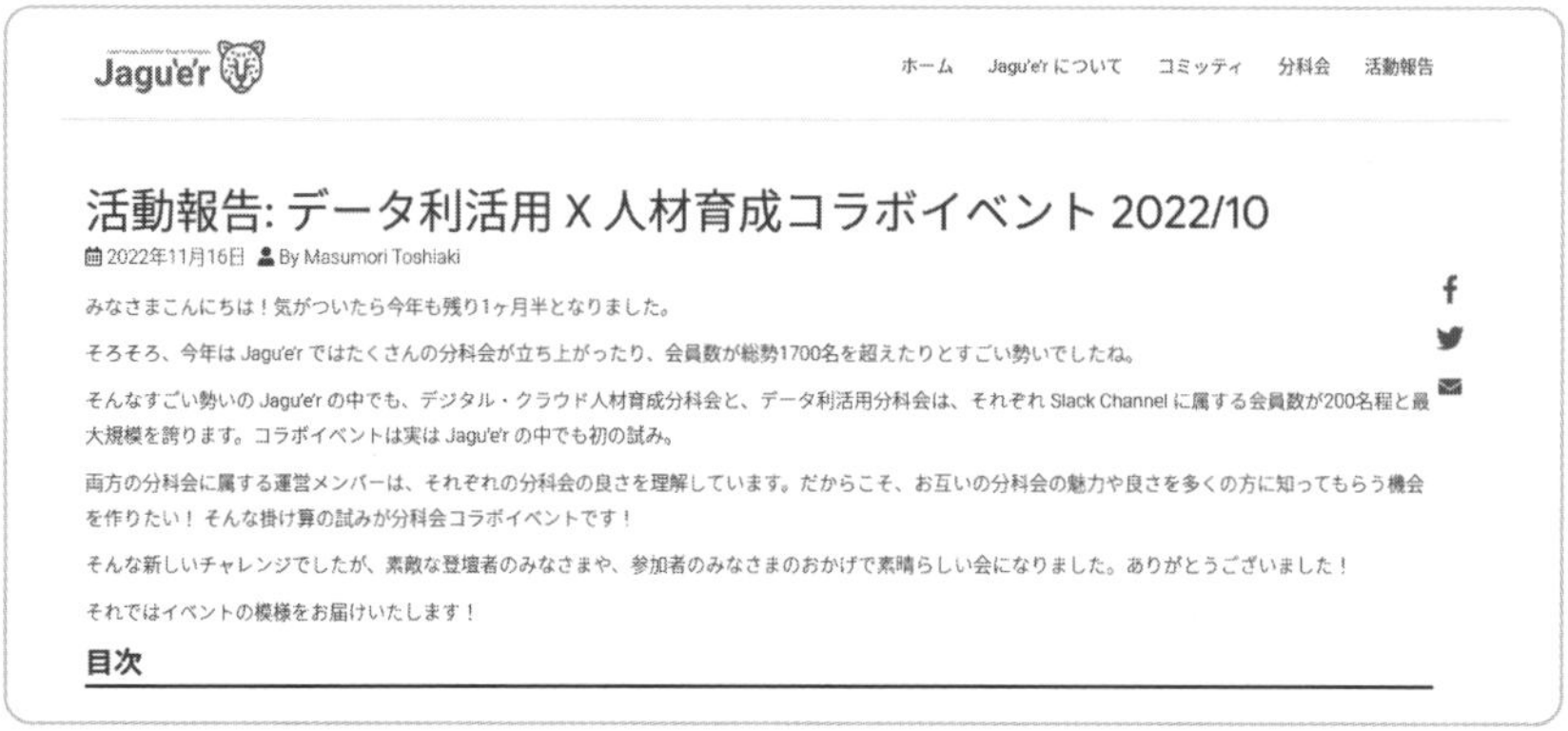

図２　ブログ「活動報告：データ利活用×人材育成コラボイベント 2022/10」
出典：https://jaguer.jp/data-hrdev-1/

あったり、話が聞けたり、新しいアイディアが湧いてきたりとネタがつきません。メンバーの新陳代謝を常に意識しながら、なるべく多様な人に参加してもらう。可能な限り、多様なメンバーが運営に関わることで自分一人では気づくことができない視点や指摘、改善点など、新しい発見が多いのでシンプルに楽しいです。「多様性」は良いチームを作る上でも非常に大事なキーワードです。ぜひ覚えておいてください。

メリット3　コミュニティに参加する人だけではなく、運営に携わる人にとっても成長や学びの機会となり、よりコミュニティの活動が深くなる

コミュニティは参加しているすべてのメンバーのための場所です。どのような形で参加していたとしても誰もがメリットを感じられることこそがコミュニティが存続していく理由だと思っていますが、コミュニティは参加者としてだけではなく、運営側に参加することにより、ただ参加するだけではない異なるメリットを享受できます。コミュニティには必ず運営メンバー（チーム）が存在します。こ

運営は毎週Meetや各社のオフィスから運営会議に参加し、
ときにオフィスで集まり会議をすることもある

図3　参加者全員の受益になる

の運営メンバーがいかにチームとして機能するかが重要であり、かつ、コミュニティ活動に大きな影響を与えます。運営チームの役割として、コミュニティの管理だけではなく、方向性やコミュニティのターゲットの策定、活動内容の定義、コミュニティを盛り上げることなど様々な要素が必要となります。その際、運営チームのメンバーがどのような強みを持っており、それぞれがどのような役割を持って関わってもらえるといいのか、チームとしての観点に昇華できることで、コミュニティ活動に深みが出ます。

そして運営に参加してくれるメンバーにとっては、コミュニティのネットワーク・人脈であったり、コミュニティ運営のノウハウであったり、社外活動にプラスで参加することで自分の新たな可能性を発掘したり、キャパシティを広げることができると筆者は感じています。運営がチームになってコミュニティを回していくことはコミュニティの存続性、コンテンツの幅の広さ、アクティビティに直接影響していきますので、運営がいかにチームになっているかも、結果として参加者全員の受益となり非常に重要です（図3）。

4.2 「良いチームとは何か」を定義する

そもそも、良いチームとはどういうチームを指すのでしょうか？

「チーム」と「ワークグループ」の違い

Googleでは、社内での効果的なチームの特徴を明らかにするため、「従業員は単独で働くよりもチームで働いた方が大きな成果を上げられる」という考え方のもと、「全体は部分の総和に勝る」というアリストテレスの言葉から「Project Aristotle」と名付けた研究調査を実施しました。この調査の目的は「効果的なチームを可能とする条件は何か」という問いに対する答えを見つけ出すことです。

そこで効果的なチームに必要な条件は何かを理解するためにも、「チーム」とは何かを明確にすることから始めました。チームとは、組織や個人レベルでもその認識が変わってきますので、「チーム」という言葉自体は複数の意味合いが含まれています。

「Project Aristotle」（以降、本調査）においては、チームとは、ワークグループと区別されるものだとまず定義しました。

ワークグループとは、「相互依存性が最小限という特徴があり、組織または管理上の階層関係に基づいています。ワークグループのメンバーは、情報交換のために定期的に集まる場合があります。[注1]」と定義しています。

注1　出典：https://rework.withgoogle.com/jp/guides/understanding-team-effectiveness/#define-team

ここの説明でもある通り、ワークグループとは、組織上、上司・部下のようなレポートラインの関係にある場合や、同じ上司の下で働くグループを指していて、定期的に集まることがあっても、それはこの組織上必要とされているために集合しているようなもので、お互いに必要としていて集まっていたりしているわけではないことがわかります。前節の説明の表現を使えば、「ゆるくつながっている集団」と同義ですね。

一方でチームとは、「メンバーは相互に強く依存しながら、特定のプロジェクトを遂行するために、作業内容を計画し、問題を解決し、意思決定を下し、進捗状況を確認します。チームのメンバーは、作業を行うために互いを必要とします。」と定義をされています。ここで定義されているチームとは、組織上の関係を超えて、お互いに信頼して頼り合い、助け合う関係にあり、共同で問題を解決する関係にあるグループであることがわかります。チームとワークグループの差は歴然です。

チームとはどういうものかがわかったところで、本調査は「効果的なチーム」とは何かに移っていきます。本調査では、効果的なチームを特定するために、社内の180のチームを対象に、250の調査項目を使い、3年以上の歳月をかけ、調査やインタビュー、分析を重ねてきた結果、わかったことがあります。それは「**誰がチームのメンバーであるか**」よりも「**チームがどのように協力しているか**」が真に重要なのだということです。

つまり、良いチームを構成するためには「Who」よりも「How」、いかにチームのメンバー同士がお互いに信頼をし、協力関係を築き、共通の目標に向かってワークができる土壌があるかが、非常に重要になっていることがわかったのです。だからこそ、ゆるくつながっている集団ではなく、どのコミュニティであってもお互いに信じ合い、協力する土壌を醸成できるかが、非常に重要になってくるのです。

関係を築き上げるための要素

さらに、「チームがいかに協力関係を築き上げるか」については、次の5つの要素がチーム内に存在していることが重要であるということも、本調査でわかっています（図4）。

① **心理的安全性**
② **相互信頼**
③ **構造と明確さ**
④ **仕事の意味**
⑤ **インパクト**

この表の要素はすべて重要な要素であることは変わりありませんが、効果的なチーム、つまりお互いに信頼し、協力し合うチームとしては①の「心理的安全性」が、最も重要でかつすべての土台になることがわかっています。

本節では、チームの協力関係を構築する上で、最も重要な心理的安全性について解説します。心理的安全性は、チームの協力関係を構築する上では最も基礎的な要素でありながら、圧倒的に重要なコンポーネントであることがわかっています。

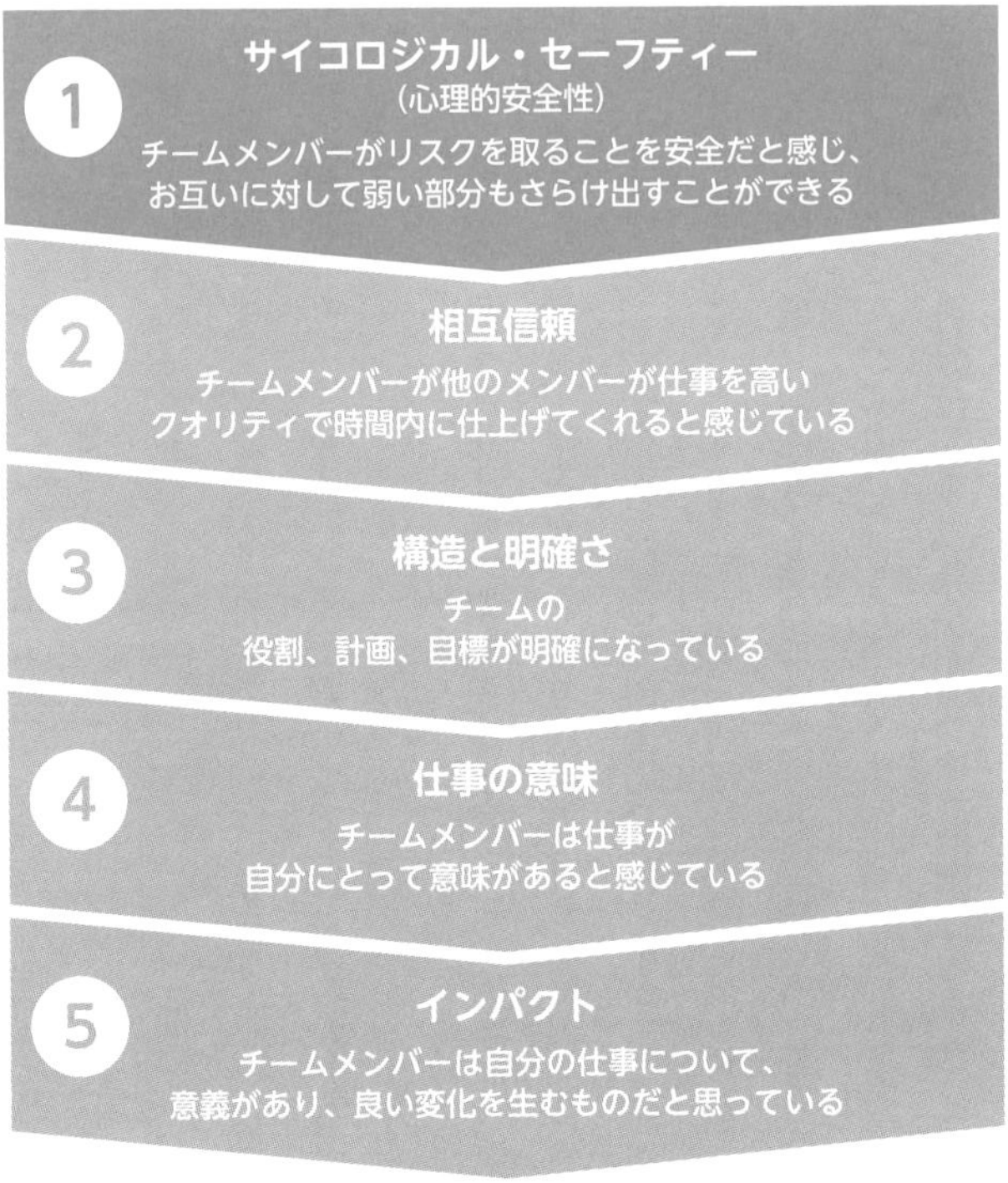

図4　協力関係の構築に不可欠な５つの要素
出典：https://rework.withgoogle.com/jp/guides/understanding-team-effectiveness/steps/identify-dynamics-of-effective-teams/

心理的安全性のあるチームとは

「心理的安全性」は、昨今のビジネスシーンで謳《うた》われることが多く、皆さんも一度はそのキーワードを耳にしたことがあるのではないでしょうか？

「チームの心理的安全性」という概念を最初に提唱したのは、ハーバード大学で組織行動学を研究するエイミー・エドモンソン氏です。エドモンソン氏によれば、心理的安全性とは「対人関係においてリスクのある行動をしてもこのチームでは安全であるという、チームメンバーによって共有された考え[注2]」と定義

注２　出典：https://rework.withgoogle.com/jp/guides/understanding-team-effectiveness/steps/foster-psychological-safety/

しています。

心理的安全性のあるチームとは、チームメンバーがリスクを取ることに不安を感じず、お互いに対して本音を打ち明けることができる環境のことを指します。「意見やスタンスが異なることがあっても、このチームなら大丈夫」と思える状態を意味します。これはリスクを恐れない斬新なアイディアをチーム全体で生み出していく土壌作りにも大きく貢献します。

エイミー・エドモンソン氏の著書『恐れのない組織——「心理的安全性」が学習・イノベーション・成長をもたらす』[注3]に掲載されているエピソードの一つでとてもわかりやすい心理的安全性の事例がありましたので紹介します。

とある病院で、早産で生まれた双胎児をケアしていた若手の看護師とその双胎児を担当していたベテランの医師がいました。通常、早産児はハイリスク児として肺の発達を促す薬を投与することがベストプラクティスとされていますが、若手の看護師はその薬の投与指示が出ていないことに気がつきました。このことについて医師に申し出をしようと思うものの、看護師の脳裏には、以前、別の看護師が、その医師の指示に対して疑問を呈していた時に厳しい叱責をされていたことを思い出します。また、医師はベテランであることから、指示が間違っているということはないだろうと看護師は思い込み、口をつぐんでしまったといいます。

この状況では、自分は若手で経験が浅く、医師はベテランで間違えることがないだろうという無意識の偏見、未来を軽視してしまうバイアス、医師が看護師を叱責していたところを目撃してしまい、指摘をしたら同じように叱責されてしまうのでは、という不安など、様々な要因が重なり、心理的安全性を下げていることがわかります。

注3　出典：『恐れのない組織——「心理的安全性」が学習・イノベーション・成長をもたらす』（エイミー・C・エドモンソン、英治出版、2021）

病院の事例はとてもわかりやすいケースですが、一般的なビジネスシーンでも同様なシナリオが考えられます。

心理的安全性がないチームで起こりがちな事例として、次の5つが挙げられます。

- **失敗やリスクの隠匿**
- **表面的な調和と面従腹背**
- **理由なき現状維持の蔓延**
- **他者への無関心**
- **本質的な成果への責任の欠如**

事例1　工場に勤務しているチームの場合

具体的なシナリオと共に考えてみましょう。

例えば工場に勤務しているチームで、心理的安全性の低い場合を想像してみましょう。とある従業員が、小さな施工ミスを発見したとします。そして、この従業員は役職者ではなく、一般従業員だとします。普段から心理的安全性が低いチームにいれば、この従業員は次のような思考に至ってしまうのではないでしょうか。

「大したことないミスだから、見なかったことにしよう。」

図5　犯人探し

「同僚のAくんに話してもいいけど、上司のBさんに漏れたら、僕のせいにされるかもな。怒られるのも嫌だし、Aくんに言うのもやめておこうかな……」


このように、ミスは隠蔽されてしまうかもしれないのです。

このように実際に何かアクシデントや問題が起きた際に、「誰がやったのか、誰に責任があるのか」という犯人探しを普段からするような組織であれば、メンバーはリスクを避け、恐怖心を抱いてしまうようになります（図5）。

そしてこうしたミスはやがて大きな問題へと発展し、しまいには会社の存続を揺るがしてしまうような事態を招いてしまうかもしれません。

事例2　オフィスに勤務しているチームの場合

他の事例も見てみましょう。次はオフィスシーンで考えてみます。

チームで開催される定例のミーティングで、そのチームのリーダーが、来年のチームの戦略やあり方について議論しようとア

図6　心理的安全性が低いチーム

ジェンダを提案しています。そのアジェンダは前週から予告されていたものであり、そのテーマについて話し合われることは全員が想定している状態でミーティングに参加しています。

リーダーが来年の計画について発表し、自分のプランについて何か質問があるかと投げかけたところ、誰も質問をしません。意見を聞きたいリーダーは、メンバーの一人を指名し、自分の発表したプランについてどう考えているか尋ねたところ、「それはいいプランだと思う、異論はない」という返事が返ってきます。

しかしそのミーティングが終わったあと、メンバー同士で雑談をしていて、「あのプランは正直言って賛同できないな、いまいちだ……」と言っているのが聞こえてきます。

こうした会議やシーンに出くわしたことはありませんか？　実はこの状態も心理的安全性の低いチームの状態であると言えます。

表面的にはよいチーム、よいメンバーでいても、実際心の中では「なぜこんなことを言うのだろう」「このチームでは自分の失敗や本音をさらけ出すことはできない」などと思ってしまう状態が続いているのであれば心理的安全性が低い状態です（図6）。

表面的には何の衝突もなく、問題がないように見えますが、実際は本音を言い合えない、内心的には反対しているような心的状態に陥っていたり、また特に上下関係のある上司と一般社員の関係で、問題を進言できない状態や、間違っていると思うことやこうした方がいいのにと思っていても声を上げられない状態にあるのも、心理的安全性の低い状態にあるチームであるといえます。

心理的安全性のあるチームに変えていくために ―2つの事例から学ぶこと―

ここまで2つの事例を見てきましたが、読者の皆さんが同じ立場にいたら、どのように行動をすべきなのか、少し立ち止まって考えてみてください。ミスをした本人にどう声をかけるのか、自分がその当事者のマネージャー（責任者）だったらどうしていただろうか、ぜひ考えてみてください。

事例1　工場に勤務しているチームの場合

まず工場のケースでは、心理的安全性のあるチームに変えていくには、「人に焦点を当てるのではなく、システムとプロセスに注目する」ことが重要です。「誰がやったのか、誰に責任があるのか」と人を責めることは、組織のイノベーションを阻害するだけではなく、失敗から学び、改善につなげることも難しくします。

誰が失敗をしたのかではなく、どのような仕組みを作れば、そもそもミスを防ぐ仕組みを作れるのか？　何らかのミスを見つけた場合に、いかに早く発見し、対処できるプロセスを作れるのか？をチームで考えてみましょう。

図7 『SRE サイトリライアビリティエンジニアリング』（オライリー・ジャパン）
画像提供：オライリー・ジャパン

このプロセスに非常に長けていることで有名なのが、トヨタ自動車です。

「人を責めるな、しくみを責めろ」という哲学のもと、失敗した人をむやみに責めるのではなく、なぜその失敗が発生してしまったのか？　そのプロセスに着目し、改善点がないかをチームで考える。さらにトヨタでは失敗を記録し共有する文化が定着しているそうです。失敗の事例と対策をまとめたレポートが、社内のポータルサイト「T-Wave」に掲載されているというのは有名な話ですよね。[注4]

Googleにおいても、「失敗を責めない」文化は共通したところがあります。例えば障害が発生した際には「ポストモーテム」という障害発生報告書（レポート）を必ず作成します。ここに失敗から学ぶGoogleの文化が根付いていることがわかります。Googleが発祥であるSRE[注5]（サイトリライアビリティエンジニアリング）の解説書によるとポストモーテムと障害発生報告書の決定的違いは「失敗からの学びが目的である」ことです（図7）。「悪い行動や不適切な行動をもって特定の個人やチームを糾弾することなく、インシデントに影響を及ぼした原

注4　出典：『Googleとトヨタの比べる仕事術』（マルコ社、サンクチュアリ出版、2021、p.32-37）
注5　出典：『SRE サイトリライアビリティエンジニアリング―Googleの信頼性を支えるエンジニアリングチーム』（Betsy Beyer他、オライリージャパン、2017）。オライリー・ジャパンから出版されているSREのバイブル。SREとは、Googleで培ったシステム管理とサービス運用の方法論をまとめたものです。失敗を責めない文化について、システム運用の観点で解説している本で一読の価値があります。

図8　心理的安全性の高いチーム

因を特定することに集中しなければなりません」とある通り、失敗の原因を追求し、その原因に対する改善策に取り組むことをもってサービスの改善につなげるというものです。これは一例ですが、こうした失敗を責めない組織作り、文化作りそのものが心理的安全性を育みます。

事例2　オフィスに勤務しているチームの場合

2つ目の事例、オフィスでのシーンをまた振り返ってみてください。誰も何も発言しないお葬式のような重たい空間になってしまうことはないでしょうか？

こういった状態に陥っている場合は、まずはリーダーの責任として心理的安全性のある状態を作っていくように活動していきましょう。組織の心理的安全性を作る上では、リーダーにあたる役職の人がその最も重要な責務を担います。

チームの間で積極的なコミュニケーションを促すことから始めてみましょう。心理的安全性の高いチームは、チーム全体がお互いを信頼し合っている状態ですから、まずはお互いの人となりを知る機会を作りましょう。例えば、チーム内のミーティングの冒頭では必ずアイスブレイクや雑談の時間を作ってみてはどうでしょうか。仕事以外の話をすることでお互いのパーソナリティをより深く知ることができます。

また一対一でのコミュニケーションの機会を積極的に設け、あえて仕事以外の話をしてみましょう。一対一でのコミュニケーションで仕事の話ばかりをしていると、お互いに打ち解ける関係性になるまでに時間がかかります。上司からプライベートで困っていることはないかと尋ねてみたり、週末は何をしていたのか尋ねてみてください。その人物のパーソナリティを知れるだけではなく、実はプライベートの困りごとが仕事にネガティブな影響を与えているかもしれません（図8）。

心理的安全性のあるチームに変えていくために ―コミュニケーションで気をつけたいポイント―

コミュニケーションをとる中でも気をつけたいポイントがいくつかあります。

- 積極的な姿勢を示しましょう
- 理解していることを示しましょう
- 対人関係において相手を受け入れる姿勢を示しましょう
- 意思決定において相手を受け入れる姿勢を示しましょう
- 強情にならない範囲で自信や信念を持ちましょう

ちょっとした態度や言葉で相手を受け入れ、理解していることを示すことができます。[注6]

積極的な姿勢を示すためのコツ

・目の前の会話に集中し、会議中や会話をしているときは内職をしない
・積極的に質問をする
・自分から意見を述べて、対話をすることを心がける
・体の動きや仕草に注意をする。例えば身を乗り出して聞くようにしたり、話者に顔を向ける。目を合わせて会話をする、うなずきながら聞くことで聞いて理解をしていることを示す

理解していることを示すためのコツ

・互いの理解が一致していることを確認するため、相手の発言内容を要約する。その後で、同意できる点、できない点を示し、グループ内で率直に意見を交わす
・話の内容を理解したことを言葉で示す
・責めを負わせるような言い方はせず、解決策に焦点を当てる
・気づかぬうちに否定的な表情（苦い顔や不愉快そうな顔）を浮かべていないか注意する
・会話中や会議では、話を聞いていることを示すためにうなずく

注6　出典：https://docs.google.com/document/d/1M2HvwvzFXfnNJkt-r9s4XXQtNl8YeVHfEpoICwzNIPo/edit

対人関係において相手を受け入れる姿勢を示すためのコツ

- 自分の仕事の進め方や好みをチームメンバーに伝え、チームメンバーにも同じように自身のやり方を皆に伝えるよう促す
- チームメンバーのために時間を割く、友好的な態度を示す（例：定例的なミーティング以外の一対一での会話、意見交換、キャリアに関するコーチングのための時間を作る）
- 定期的な一対一の打ち合わせやチーム会議とは別に定例外の会議を開く場合は、会議の目的を明確に伝える
- チームメンバーの貢献に対して感謝の意を示す
- 相手に対して開かれた姿勢を取る（チームメンバー全員に顔を向ける。誰かに背中を向けることはしない）
- チームメンバーと親密な関係を築く（例：チームメンバーと仕事以外の話をする）

意思決定において相手を受け入れる姿勢を示すためのコツ

- チームメンバーに意見やフィードバックを求める
- 人の話を妨げない。妨げようとする人をたしなめる
- 意思決定の背後にある根拠を説明する
- 他のチームメンバーの貢献を認める

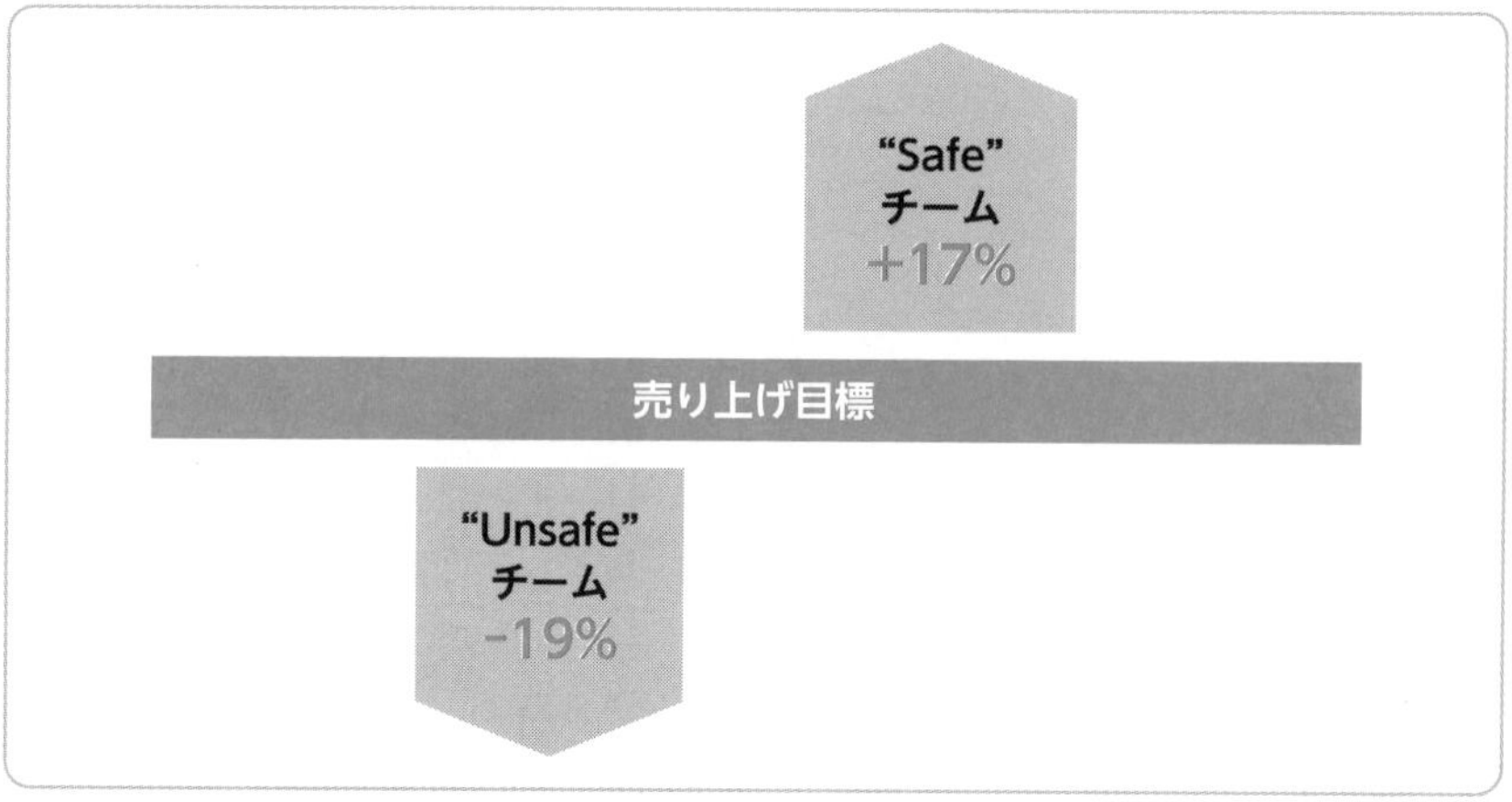
"Safe"
チーム
+17%
売り上げ目標
"Unsafe"
チーム
−19%

図9　心理的安全性が組織に与えるインパクト

強情にならない範囲で自信や信念を持つためのコツ

- チームメンバー全員が聴き取れるよう明瞭に発声する
- チームをサポートする、チームを代表して行動する（例：チームの成果を上級役員に伝える、チームメンバーの功績を認める）
- 自分の意見に対して、チームメンバーが別の意見がある場合、チームメンバーが恐れずに反論したり異論を唱えたりできるように促す
- 自分の弱みを見せる。仕事や失敗に関する自分の個人的な考え方をチームメンバーに伝える
- リスクがあっても積極的に挑戦するようチームメンバーに促し、自分の仕事でも実践してみせる

実際にGoogleの研究で、心理的安全性の低いチームと高いチームのビジネスの業績を比較した場合、心理的安全性の低いチームは平均からマイナス19％、心理的安全性の高いチームは平均より

プラス17%実績がよかったことがわかっています（図9）。

皆さんのチームや組織において、心理的安全性がどの程度のレベルであるかを知るためには、次に挙げた質問が自分自身に強く当てはまるかどうか、確認をしてみてください。

(1) チームの中でミスをすると、たいてい非難される
(2) チームのメンバーは、課題や難しい問題を指摘し合える
(3) チームのメンバーは、自分と異なるということを理由に他者を拒絶することがある
(4) チームに対してリスクのある行動をしても安全である
(5) チームの他のメンバーに助けを求めることは難しい
(6) チームメンバーは誰も、自分の仕事を意図的におとしめるような行動をしない
(7) チームメンバーと仕事をするとき、自分のスキルと才能が尊重され、活かされていると感じる

さらに詳しく知りたい人は、ぜひGoogleのre:WorkのWebサイト（https://rework.withgoogle.com/jp/）をのぞいてみてください。

Google re:Work（リワーク）とは

Google re:Work（リワーク）は、データ分析を基に考えられた人事施策について、Googleが他の組織と一緒に共有し推進しようとする取り組みです。[注7]

注7　出典：https://rework.withgoogle.com/jp/about/

この取り組みは、あらゆるサイズの組織、そしてチームに適用できる具体的なフレームワークと取り組みの例をご紹介しています。テーマは「イノベーション」「チーム」「ピープルアナリティクス」「マネージャー」「偏見の排除」「学習と能力開発」など8つのテーマに渡って紹介をしています。

またGoogleでは心理的安全性をより深く理解し、実践していただけるためのワークショップを用意しています。実際に動画やトレーナーを通じて理解したい人、ワークショップを通じて考えたい人には打ってつけのトレーニングですので、ぜひ活用をしてみてください。[注8]

注8　Women Will 心理的安全性トレーニング：
https://womenwillstream.withgoogle.com/events/womenwill-diversity-program
動画コンテンツ、インクルーシブな環境作りの章で心理的安全性について解説しています。

4.3
社外コミュニティをチームに変えていく

「良いチームとはどういうチームなのか?」をご理解いただいたところで、次に「様々なコミュニティをチームに変えていくには?」について考察をします。「ユーザーコミュニティ」を念頭に考えてみると、社外メンバーを含めたコミュニティが構成された時に、当然ながら、参加するメンバーは異なるバックグラウンドで構成されます。所属企業が違うのであれば、当然それぞれの会社のカルチャーや仕事の進め方、常識が異なります。あらゆる前提が違う中で、一つの同じ目的・利害を追及する集団としては、お互いに信頼をし、心理的安全性の高い場所として質問・発言ができること、そして自身が行っているコミュニティ活動に意味があると確信ができなければメンバーのモチベーションが続かずにコミュニティを存続させることは難しいでしょう。前節で触れた通り、心理的安全性が高い環境を保つことをまずは意識していくことが重要であると考えます。

心理的安全性は、一対一の相互信頼よりも高度な状態にあり、多くのメンバーがお互いに信頼し合っている状態です。心理的安全性は一日でできるものはなく、月日をかけて、またすべてのメンバーが心理的安全性の重要性を理解し、その状態を作ろうと相互に努力する状況を作り出す必要があります。そのような組織を作るにはマネージャーやコミュニティのオーナーが非常に重要な役割を担います。簡単にできるものではないことを認識しつつ、時間をかけて心理的安全性の高い状況を作り上げることにぜひ挑戦をしてみましょう(図10)。

前述の4.2節では、一般的に組織におけるチームの心理的安全性の高め方について記述をしましたが、ここか

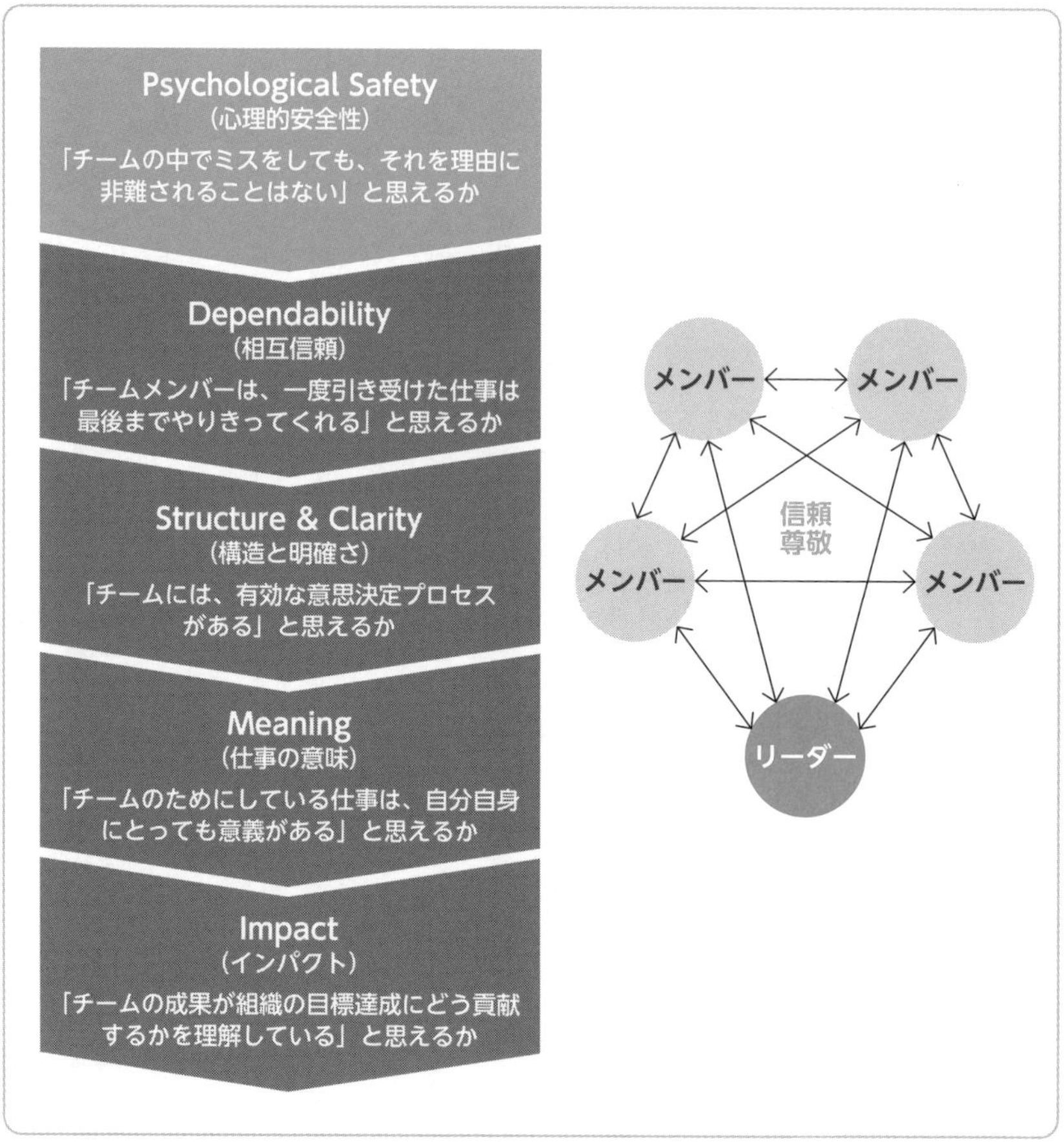
Psychological Safety
（心理的安全性）
「チームの中でミスをしても、それを理由に非難されることはない」と思えるか
Dependability
（相互信頼）
「チームメンバーは、一度引き受けた仕事は最後までやりきってくれる」と思えるか
Structure & Clarity
（構造と明確さ）
「チームには、有効な意思決定プロセスがある」と思えるか
Meaning
（仕事の意味）
「チームのためにしている仕事は、自分自身にとっても意義がある」と思えるか
Impact
（インパクト）
「チームの成果が組織の目標達成にどう貢献するかを理解している」と思えるか
メンバー
メンバー
信頼
尊敬
メンバー
メンバー
リーダー

図10　心理的安全性とは、1対1ではなく、全員が相互に信頼している高度な状態を指します

らはコミュニティにおける心理的安全性を高めるポイントについて一緒に振り返っていきたいと思います。

ポイント1　チームから意見やアイディアを求めるようにしましょう

なるべくすべての参加者から意見やアイディアを求めていくと、そのチームに所属していていいという安心感や参加者自身が参加している意義を感じやすくなります。また、多くのアイディアを出してもらうことで自分一人では考えつかないようなアイディアが生まれます。Jagu'e'r の場合、複数の分科会の運営に関わっているメンバーが複数います。他の分科会で実施した面白かったアクティビティ、評判がよかった内容などを共有してもらい、別の分科会のテイストにアレンジして実施すると、コミュニティ参加者にとっても良い学びの機会を提供できたことがあり、なるべくチームメンバーからアイディアを募集することの重要性を感じます。

コミュニティのテーマ、話し合いたい内容、トピックや方向性についての議論はもちろん、ミートアップ以外の面白い取り組みアイディアを引き出します。コミュニティは多様な人材がいればいるほど、いろいろなアイディアが出てきます。新しいアイディアを出すのが得意な人、それを具現化するのが得意な人、広報するのが得意な人。それぞれの得意が組み合わされば、一人では思いつかないような内容もどんどん実現していくので面白いなと日々思います。

最近の面白かった事例として、Jagu'e'r の中で始まった jThanks という取り組みがあります。Google のイノベーションを巻き起こす組織環境についてのセッションを聞いてくれた運営メンバーの一人が、Google で実践している gThanks という同僚に感謝を伝える制度を Jagu'e'r コミュニティにも取り入れよう！というアイディアを思いつき、すぐにコアメンバーに共有をしてくれました。それからあっという間に jThanks という、コ

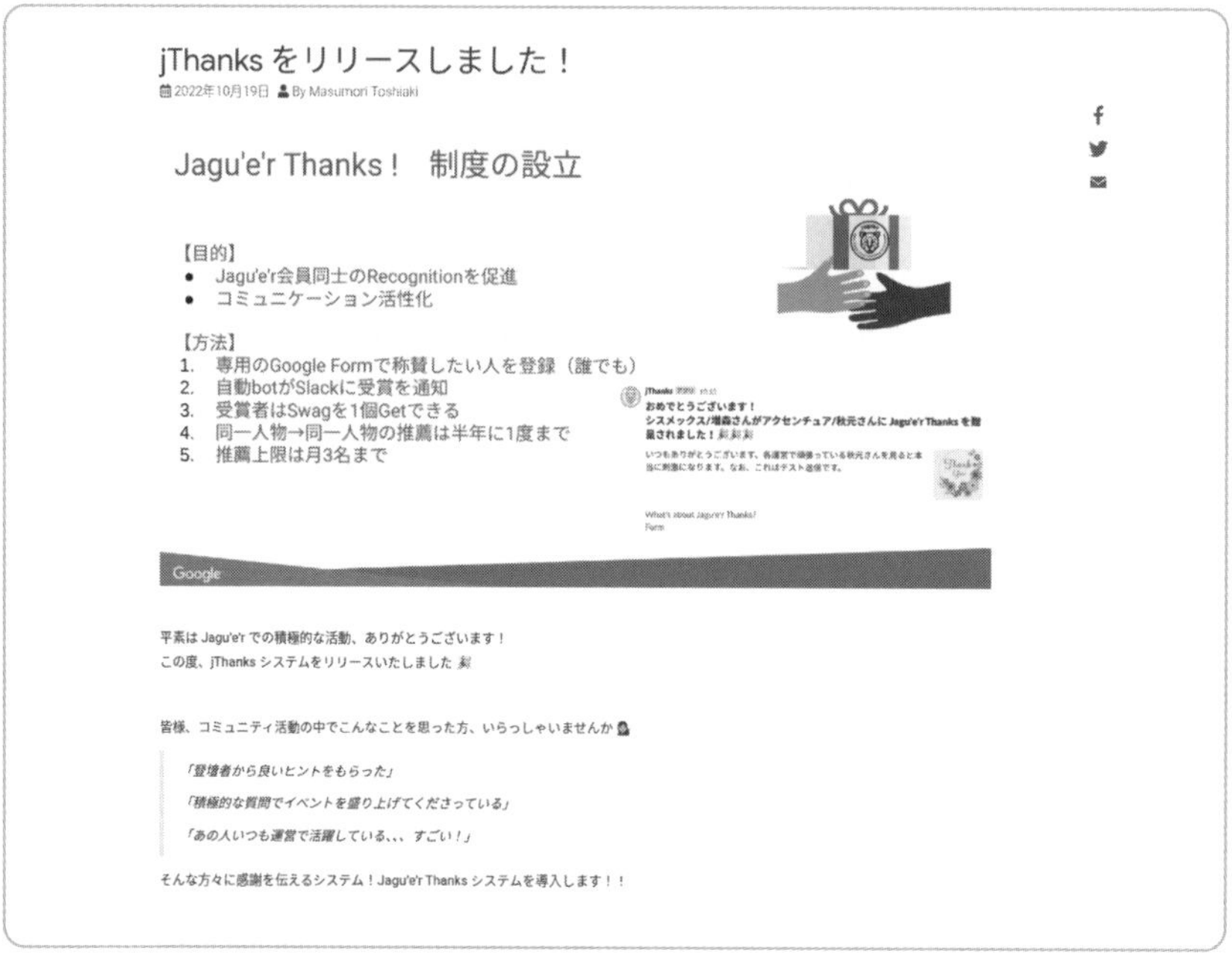
jThanks をリリースしました！
2022年10月19日 By Masumori Toshiaki
Jagu'e'r Thanks！　制度の設立
【目的】
● Jagu'e'r会員同士のRecognitionを促進
● コミュニケーション活性化
【方法】
1. 専用のGoogle Formで称賛したい人を登録（誰でも）
2. 自動botがSlackに受賞を通知
3. 受賞者はSwagを1個Getできる
4. 同一人物→同一人物の推薦は半年に1度まで
5. 推薦上限は月3名まで
おめでとうございます！
Google
平素は Jagu'e'r での積極的な活動、ありがとうございます！
この度、jThanks システムをリリースいたしました
皆様、コミュニティ活動の中でこんなことを思った方、いらっしゃいませんか
「登壇者から良いヒントをもらった」
「積極的な質問でイベントを盛り上げてくださっている」
「あの人いつも運営で活躍している、、、すごい！」
そんな方々に感謝を伝えるシステム！Jagu'e'r Thanks システムを導入します！！

図 11　jThanks リリースの Blog ポスト

ミュニティ内のメンバー同志で感謝を伝え合い、全員がそれを見られる仕組みが出来上がりました（図11）。分科会の活動となると日頃の動きなど見えないこともありますが、運営メンバーの中でもこんなことをしてくれるのかとそれぞれの貢献が可視化できているのが良いです。また、シンプルに「ありがとう」をもらえると個人的にはうれしいです（図12）。

ポイント2　個人的な仕事の進め方の好みをチームメンバーに伝え、チームメンバーにも自分自身の好みをチーム内に共有してもらうことを促す

社外コミュニティの場合、普段使っているコミュニケーションツール、コミュニケーションの頻度やタイミングなどが全く異なります。リーダーになる人は、自分はこう進めたいとチームに伝え、賛同を得られるか確認しましょ

jthanks
jThanks アプリ 15:18
10月20日（木）
おめでとうございます！
さんが さんに
Jagu'e'r Thanks を贈呈されました！
10月19日に開催した金融分科会第5回Meet Upでは、これまでのご経験に基づく広範な知見を披露いただきありがとうございました。ISMAPやガバメントクラウドなど国の動向やパブリッククラウドを利用する立場からみた場合の政府が考えるクラウド利活用の観点がよく理解できました。普段なかなか聞くことが出来ないお話を準備していただき改めて御礼申し上げます。
景品はこちらから申請できます
What's about Jagu'e'r Thanks?
jThanks Form
Thank You
おめでとうございます！
さんが さんに
Jagu'e'r Thanks を贈呈されました！
10月19日開催の金融分科会第5回Meet upのファシリテーターを担当していただきありがとうございました。ワイガヤ部屋への投稿と並行してお昼休みの1時間という限られたスロットを有効に活用していただきました。また、メインスピーカー さんの知見を引き出すためのスムーズな司会進行、Q&Aの対応も素晴らしく、運営チームとして改めて御礼申し上げます。引き続き、 さんの専門領域であるセキュリティ分野は当然として金融分科会で開催される各種行事への協力をお願いいたします。
景品はこちらから申請できます
What's about Jagu'e'r Thanks?
jThanks Form
Thank You

図12 jThanksの例

う。Googleでは日常のコミュニケーションはGoogle Workspaceをベースにチャットを使っていますが、Jagu'e'rではSlackとGoogle Workspaceのチャットやドキュメント、Googleフォーム、スプレッドシートなどをフル活用し、使い分けています。

コミュニティ内のメンバーはもちろん、運営チーム内でもチャットベースのコミュニケーションをすることで即時性の高いコミュニケーションスタイルを心がけています。普段の業務でチャットを使わないという方がいましたら、ぜひチャットを積極的に活用してみてください。社内だけではなく、社外メンバーとのコミュニケーションもチャットを活用することでスピード感をもって物事を進めることができます。

何か共同で作業をするときは、Google Workspaceドキュメントの共同編集は本当に

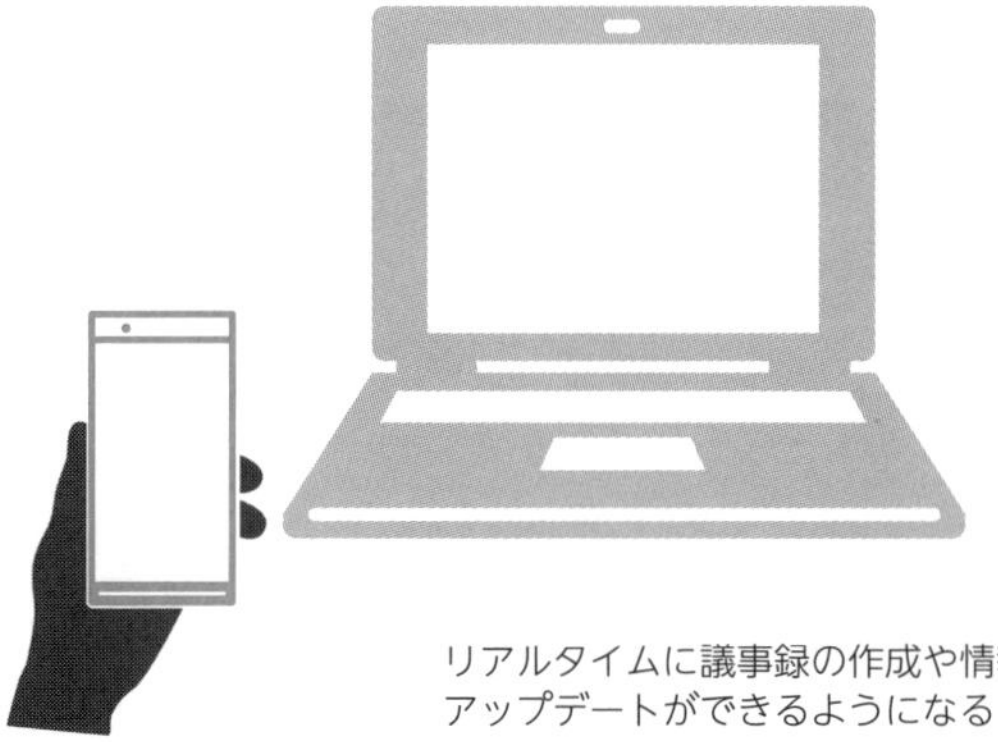
リアルタイムに議事録の作成や情報の
アップデートができるようになる

図13　Google Workspace

便利で、全員で一つのシートに書き込み、議事録を作ったり、タスク管理シートを共同で管理しています。普段の業務でGoogle Workspaceを使っていないメンバーもいますが、一緒に一つのドキュメントにアクセスすることで効率よく運営の作業を進めたり、チャットを活用した即時性の高いコミュニケーションをベースに物事を進められるようにお願いをしています。

議事録としての使い方もしていますが、面白い使い方だなと思ったのがブログの執筆時のドキュメントの使い方です。ブログの執筆担当の皆さんが、一堂に集まり、自分のパートのブログを一つのドキュメント内で共同で執筆し、それぞれの校閲担当者にコメントを飛ばしてチェックを促します。またお互いにプルーフリードをする上で、ここが面白かったというポイントもコメントで書き込んでいきます。ブログをより面白く、かつモチベーションが続くような仕組みを工夫していて、とてもコミュニティらしい、よい活用方法だなと感じています（図13）。

話はそれますが、Google Workspaceは共同作業をするのに本当に便利なツールです。共同で書き込みをしたり、アクションアイテムを特定の人に飛ばしたり、確認したいことをコメントで飛

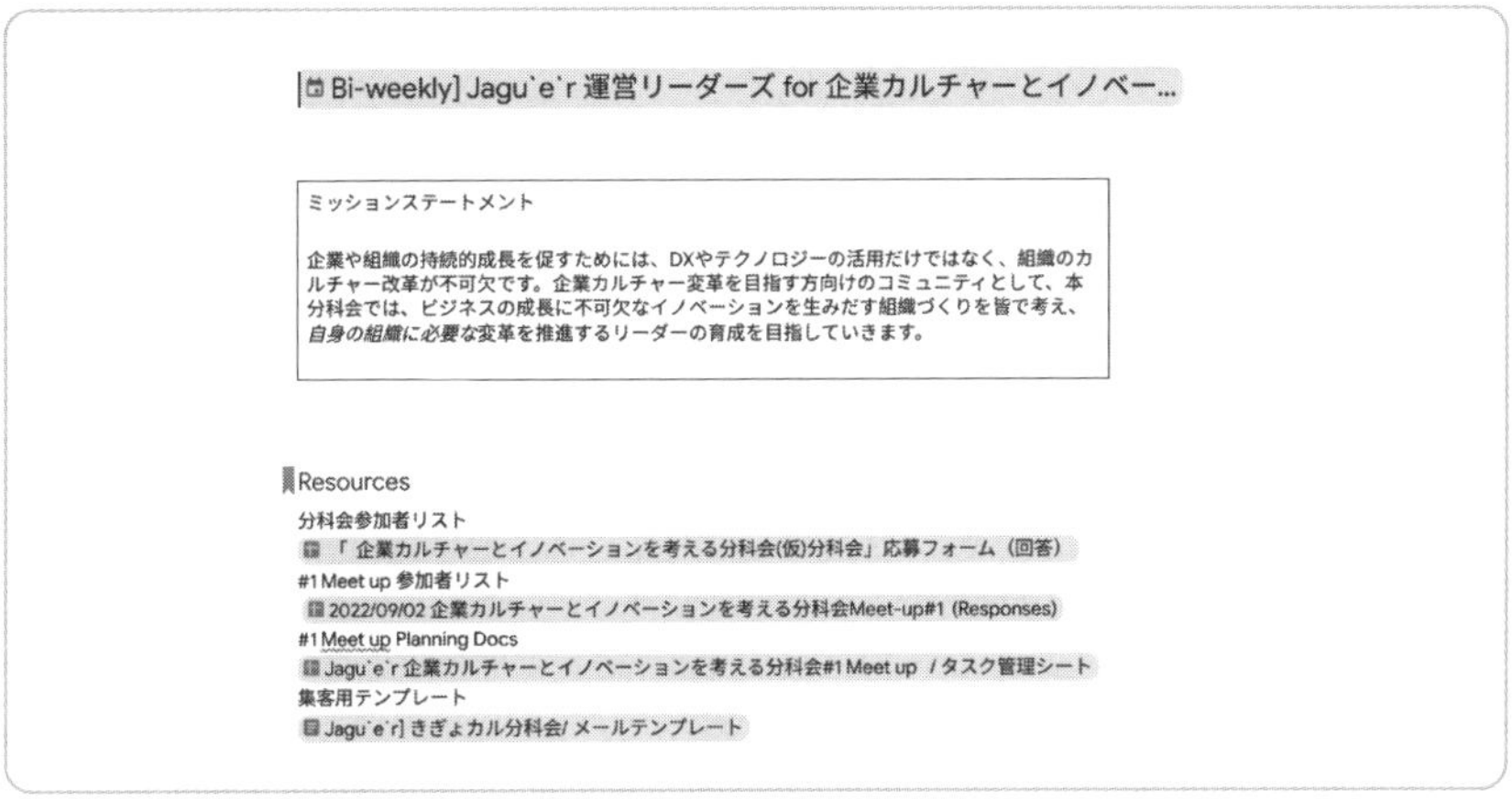

|🗓 Bi-weekly] Jagu`e`r 運営リーダーズ for 企業カルチャーとイノベー…

ミッションステートメント

企業や組織の持続的成長を促すためには、DXやテクノロジーの活用だけではなく、組織のカルチャー改革が不可欠です。企業カルチャー変革を目指す方向けのコミュニティとして、本分科会では、ビジネスの成長に不可欠なイノベーションを生みだす組織づくりを皆で考え、*自身の組織に必要な*変革を推進するリーダーの育成を目指していきます。

Resources

分科会参加者リスト

「 企業カルチャーとイノベーションを考える分科会(仮)分科会」応募フォーム（回答）

#1 Meet up 参加者リスト

2022/09/02 企業カルチャーとイノベーションを考える分科会Meet-up#1 (Responses)

#1 Meet up Planning Docs

Jagu`e`r 企業カルチャーとイノベーションを考える分科会#1 Meet up /タスク管理シート

集客用テンプレート

Jagu`e`r] きぎょカル分科会/ メールテンプレート

図 14　議事録の例

ばしたりして、運営ミーティングの事務作業もスムーズです。運営メンバーの中にはGoogle Workspaceを使っていなかったメンバーもいますが、その後、すっかり使いこなしてくれている人も多く見られます。例えば出席できなかった運営ミーティングがあったとしても、後日出席したメンバーから「○○の案件、とりあえず対策考えておいたので確認しておいてください。」とフォローが飛んでくるような具合です。

　会議があった場合は、Google Workspaceを使って議事録を作成します（図14）。議事録にはミッションステートメント（組織全体の行動方針）を最初に貼り、全員がいつでもアクセスでき、コミュニティの目的とビジョンを共有できるようにしています。また、会議の際に話し合った内容をリアルタイムで書き込んだり、タスクの管理をすることもできます。

4.4 社外コミュニティ立ち上げの場合の留意点

社外コミュニティを立ち上げる場合には、なるべく多様なバックグラウンドをもつ方に参加してもらうのがいいでしょう。所属企業の業種、サイズ、肩書、役職など、多様であればあるほど異なる視点からアイディアが出され、一人では考えつかないような面白い仕掛けが提案されることが期待できます。たくさんの企業が参加するコミュニティを運営していくと気がつくと思いますが、面白いと思われるコンテンツは人それぞれであり、自分ではいつも話している内容でも、「それは聞いてみたい！」「面白いね」「シェアすべき内容だね」とニーズが高いこともありますよね。

同じ会社、同じロールではその面白さに気がつけず、偏った話題を提供し続けてしまうことでコミュニティが活性化されないこともあります。Google Cloud の Jagu'e'r データ利活用分科会の運営メンバーは、多様な企業で多様なロールを持ち、住む場所、働く場所は、北は北海道から西は徳島まで、全国各地から参画しています。起業した人、医療業界や大手 SIer、製造業の人、データ分析のスペシャリストなど、多様なバックグラウンドを持つ人たちで構成されており、違う業界からの視点を共有してもらったり、こういった事例を聞いてみたいなど、毎回運営のミーティングでは面白いアイディアが湧いてきます。

また違う分科会同士でコラボをしてみたら面白い化学反応が起こるのではないだろうかという仮説のもと、人材育成×データ利活用、小売×データ利活用、ＨＲ×データ利活用といった、データ利活用と違うテーマで

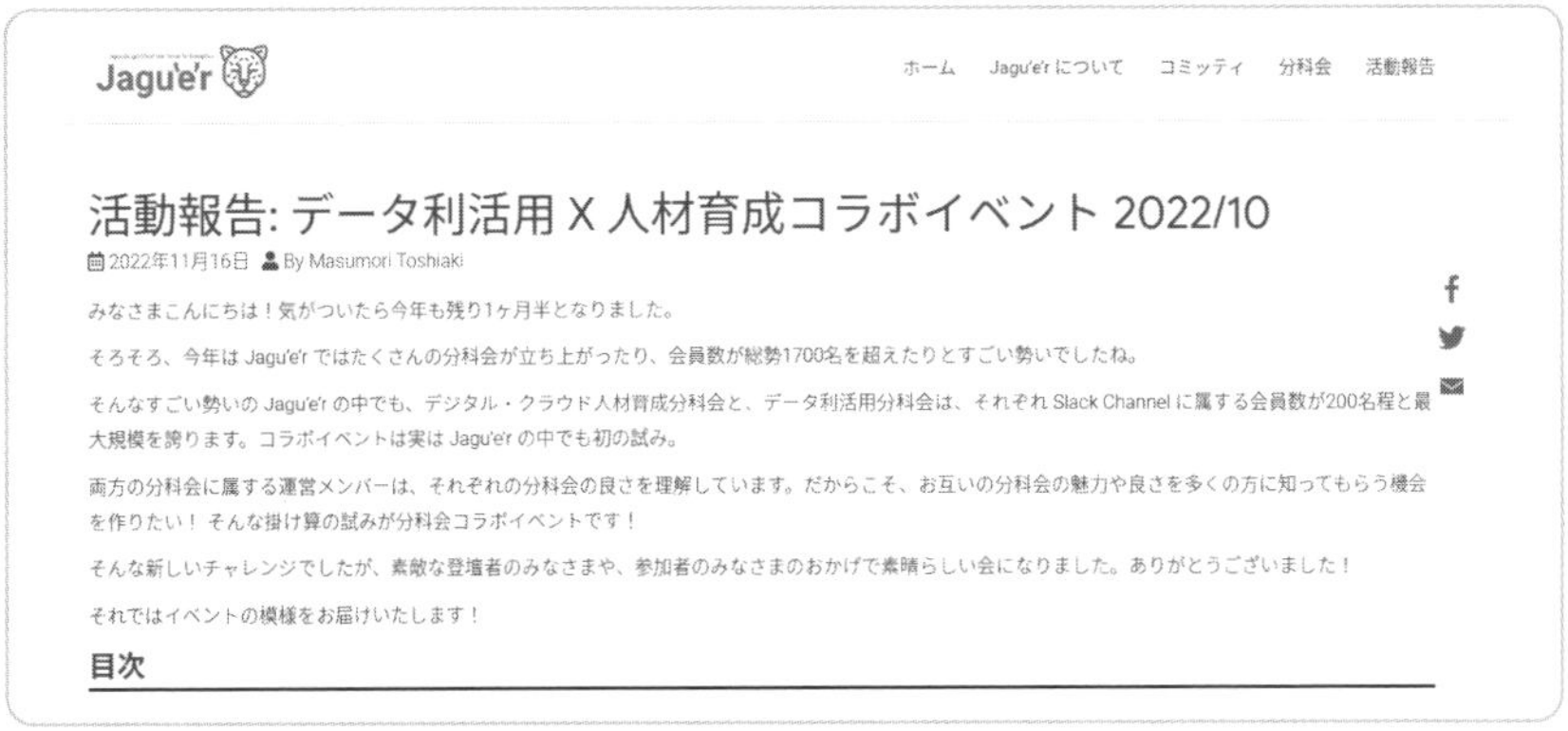

図 15　ブログ「活動報告：データ利活用×人材育成コラボイベント 2022/10」（再掲）
出典：https://jaguer.jp/data-hrdev-1/

イベントを考えることもよくあります。データ利活用にフォーカスした内容だけではなく、いろんな業界のベストプラクティス、自分が知らない世界を見ることができ、本当にたくさんのアイディアややりたいことがメンバー同士で活発に議論されます（図15）。

具体的に多様な視点があって面白いなと思ったのは、私が運営メンバーとして参画しているGoogle Cloud Jagu'e'rの企業カルチャーとイノベーションを考える分科会ですが、「企業カルチャーとイノベーション」という言葉を一つ切り取っても、人によって全然受け取り方が違います。イノベーションとは、新しいことを生み出すことだ！という捉え方もできますし、全く新しいプロセスで改善を続けることもイノベーションと呼べますよね。また業界によっても、例えば通信業界やヘルスケア業界、金融業界などは、省庁の管轄下でそれぞれの方針に強く影響を受けます。また製造業であれば、たった一つのミスが命取りになる可能性もあります。ネジのパーツが少し緩んでいただけで、それが人の命を奪う可能性もあるわけで、イノベーションより正確性なんだという考え方も出てきます。

一方で物理的なモノを扱っていないＩＴ業界であれば製造業とは全く違うアプローチを取ります。モノを扱わないサービスであれば、いかにスピード感をもって決断し世に出していくか、新しいアイディアを形にできるかが重要になってきたりするので、それに伴いチームのあり方やコミュニケーションスタイルだって全然違いますよね。だからこそ、どこかの企業における正解は、他社の正解ではなく、自社にとって最適なアプローチを時代とともに常に追いかけていかなければなりません。その点について「企業カルチャーとイノベーションとは」について考えるミートアップを実施した際に、登壇していただいた企業の皆様に教えていただきました。変化のスピードが早い時代に、多様性という考え方は本当に大切で、それは会社の存続だけではなく、コミュニティといった人の集合体であっても非常に重要だなと実感しています。

皆さんもコミュニティやチームを運営する上では、多様な人材（ジェンダーだけではなく、経験、年齢、バックグラウンド、業界など）がチームにいるかどうかを振り返ってみることをおすすめします。

4.5 運営メンバーとしての関わり方は強制しない

チームとしての土台ができたら気をつけていただきたいのは、集まってくれた運営メンバーに対して関わり方を強制しないのが非常に大事であるということです。運営メンバーをオープンに募集をしたら、様々な企業の方が集まってきたとしましょう。特にリモートの時代は、異なる企業の方、役割の方が参加をしてくれるので、日頃の業務がどの程度忙しいのか、他者にはわかりません。運営メンバーとして加わってくれることに感謝し、場を用意して、自主的な参加を求めるようにしましょう。運営に参画したフェーズによっても、その人の能力や業務的な余裕によっても、参画するスタイルは異なります。

関わり方を強制しないというのは、例えば運営メンバーで設定した定例ミーティングに参加ができなくても、必ず出るように促すことはしません。また Jagu'e'r コミュニティではミートアップをベースにコミュニティメンバー同士の交流の機会を設定しますが、ミートアップをする際には、コンテンツ決め、タイムテーブルの管理、ライトニング・トークの登壇交渉、場所の確保、ミーティングの設定、集客、当日の司会、ミーティング後のブログ執筆など細々としたタスクが数多く発生します。これらのタスクを自主的に引き受けてくれる人を募集し、押し付けることはなるべくしないようにしています。皆さん他の本業があるベースで運営に参加しているので、本業を大切にしてもらい、できそうなメンバーからお願いするようにしています。

4.6 運営ミーティングの極意

運営ミーティングを回す上では、気をつけているポイントがいくつかあります。

最初のポイントとして、運営メンバーは定期的に新メンバーの募集をかけるようにしています。運営メンバーが固定されてしまうと、アイディアが枯渇してしまいますし、コミュニティに参加してくれているメンバーに、運営が内輪でやっているように感じさせてしまうのを避けるためです。コミュニティに参加してくれるタイミングもそれぞれですし、最初からコミュニティに参加している方でも、本業の仕事のタイミングで運営メンバーとして参加できるようになったり、様々な事情が変わることで参加したくなることもあると思います。運営は常にオープンで、いつでもウェルカムでいますし、定期的に新しいメンバーに入ってもらえないか、告知をするようにしています。

また、新しいメンバーが入ってくれたときは、新旧メンバーに関わらず、意見を上げたり、アイディアを出すことを常に歓迎し、感謝するようにしています。これは、コミュニティ参加者にとってもよい循環が生まれると信じているからです。

二点目のポイントとして、面白いと思ったことはまずやってみることとです。多様なメンバーが参加し、多様な意見やアイディアが出る土壌ができたら、面白そうだなと思った取り組みはクイックにトライをしてみます。やってみないと面白かったかどうかわかりませんし、仮に失敗したとしても、そこからの学びは必ずあります。トライした結果は必ず振り返り、よかった点、改善できそうなところを特定し、素早くそのサイクルを回します。

前述した「企業カルチャーとイノベーションを考える分科会」では新たな取り組みとして、Jagu'e'rのCCoE分科会で実施したクラスルームスタイルを取り入れることに挑戦しました。クラスルーム形式とは、テーマごとにスモールグループに分かれてもらい、そのテーマについて課題を共有したり、一緒に解決策を考えます。その場で出た学びを最後に全体にシェアをするというものです。スモールグループで双方向でのコミュニケーションがとりやすくなる上、当事者意識が高いメンバーが参加してくれているので、それぞれの思いや所属の組織で解決したい事案について深掘りした議論が可能になります。その結果、クラスルーム形式での開催は、改善できるポイントはありつつも、非常に好評で、オンラインベースで活動しているコミュニティとしての課題である、双方向のコミュニケーションを図れるという点でも導入してよかったなと思う施策のひとつです。クラスルーム形式は、運営メンバーでCCoE分科会にも参加しているメンバーが発案してくれたことがきっかけで始めたものです。私や他の分科会を知らないメンバーだけで運営をしていたら、こういったやり方をそもそも思いつかなかったと思います。クラスルーム形式の発案から運営まで回してくれたメンバーには本当に感謝しています。

そして最後のポイントとして、運営メンバー同士の信頼関係や運営ミーティングを回せる形ができるまではコミュニケーションのフローを増やすことを心がけましょう。コミュニティの方向性、参加者がコミュニティを通じて持ち帰ってもらいたいtake away、活動内容などについて、チャット、ミーティングなどで頻繁にコミュニケーションをとるのがよいでしょう。頻度が高いのは大変だと思いますが、参加できるメンバーが可能な範囲でコミュニケーションをたくさんとることを心がけるだけでも変わります。

4.7 本章の最後に

本章では、「コミュニティをチームに変えていくためには？」について複数の項目について触れながら解説をしてきました。特に心理的安全性を確保しながら、多様性があり、楽しく、でもメンバーにとって有益な場を提供し続けるという情熱が何より大切だと思っています。筆者自身も、いろいろなポイントやコツを書いていますが自分自身が１００％できているわけでもないですし、こうしたコミュニティ運営の中でもなかなかうまくいかないなと思い悩むことは、正直に言ってあります。

でもそういうときは正直に周りのチームに打ち明け、どうしたらいいか素直にアドバイスをもらいます。一緒に考えてもらい、一緒に行動します。たまには、自分は一歩引いて任せてみるというのも手です。張り切りすぎて「自分がやらないと！」と前に出すぎてしまうと発言しづらいなと思うメンバーもいると思います。

悩みながら、また多くのメンバーに助けてもらいながら、コミュニティを運営していくことを楽しいと感じたり、情熱を感じてもらえる仲間をたくさん探し、一緒に盛り上げていけるのがよいのではないでしょうか。たくさんのコミュニティがチームとなり、盛り上がることを願っています。

第5章

成功事例から学ぶ
コミュニティ運営の
ベストプラクティス

本章では、7つの企業で運営している7つのコミュニティにフォーカスし、そのリーダーや幹部の方々にお話を聞きました。

コミュニティ運営における成功へのセオリーを、ぜひこの記事の中から読み取ってください。

事例 1

「ファン」を作る
―ダイハツ工業「技術研究会」の場合

太古 無限 氏

ダイハツ工業株式会社
東京LABO
データサイエンスグループ
（兼）DX推進室
データサイエンスグループ
太古 無限 氏

昭和24年に始まった「技術研究会」

ダイハツ工業の社内コミュニティ「技術研究会」の歴史は長く、その始まりは、戦後間もない昭和24年にさかのぼります。

その活動は固有技術の向上発展に間接的な影響を与えつつ、会社組織の発展と共に今日まで歩んできました。技術研究会は、その名称の通り工業技術に関する研鑽の場として、会員相互の親睦を図りながら、新しい知識の吸収と技術の向上を目指して自主活動をしている、会社職制外の団体です。

会員数は２０２２年４月現在２７６４４名です。

令和を迎えた今も、技術研究会はダイハツ工業の技術革新の一翼を担っています。毎年度の総会で多くの活動企画を立ち上げ、部門や役職といった組織の枠を超えて活動しています。ここでの出会いが、業務を円滑にしたり、部門間のコラボレーションを促進させたりすることもあるそうです。

活動企画の幹事は毎年のように変わります。2022年は新たに30人が幹事になりました。なんでも、昇格するタイミングで、コミュニティ運営を通してマネジメントの練習をさせるのが、ダイハツ工業の伝統となっているのだとか。

熱量の高いメンバーを集めるには

ダイハツ工業 DX推進室 データサイエンスグループ グループ長の太古無限さんは、2019年、昇進をきっかけに、機械学習研究会を立ち上げました。「15人くらいでスタートできたらいいな」と思っていましたが、いざ蓋を開けてみると、60人以上が参加してくれて、機械学習に対する注目度の高さを実感したと言います。

働く拠点も職種や役職もバラバラなメンバーの共通点は、全員が機械学習初心者であったこと。でも、意欲は十分。伸び代しかありません。太古さんは、熱量の高いメンバーが集まった背景に、いくつかポイントがあったと言います。

①会費制

一つは、会費制であることです。技術研究会では、活動費用として一人あたり月300円の会費を集めています。新しいソフトウェアを購入したり、レースに出場したりするには、それなりのお金がかかるためです。会社からの補助もありますが、自分でも支払うことで、活動の自由度が増すとともに、スキルアップに対してより貪欲なメンバーが集まるのだそうです。

②社内複業制度を活用

ダイハツ工業は、2021年に社内複業制度を開始しています。社内複業とは現在の所属を継続しつつ、社内他部署で新しい課題・業務等に就く、異動を伴わない働き方です。自分の隠れた能力や可能性を見出すことができる制度です。太古さんは、DX推進室に関心があると手を挙げた社員を集め、社内規定に則った時間内で（原則として7・75時間／週）、業務に参加してもらっています。

「社内複業制度に相乗りすることで、熱量の高いメンバーと出会いやすくなりました」（太古さん）

③新入社員の心をつかむ

ダイハツ工業の技術部門では、毎年約100人の新入社員を迎えています。

「実は、最近の新卒社員の約3割は、学生時代にAIや機械学習を学んでいるんです。そこで入社後の新入社員研修の中で30分、機械学習研究会の活動についてプレゼンする時間をもらい、『一緒に機械学習やろう』と呼びかけました。すると、約20人が『面白そう』とその場で仲間になってくれました」（太古さん）

運用のコツ

社内制度やプレゼンの機会をうまく活用し、熱量の高いメンバーを集めた太古さん。ここからどのようにしてコミュニティを盛り上げていったのでしょうか。

①勉強こそ、遊び心を忘れずに

「一年目は、コロナ前だったので、リアルで集まってチームビルディングをし、勉強会をしていました。具体的には、文字データを読み取って画像認識してみたり、録音して音声認識をしてみたり、真面目路線で活動していました」（太古さん）

しかし、今振り返るとイマイチだったと言えます。

「もう少し遊び心を持たせたほうがいいなと思いました。そこで、二年目からは、画像認識を使ってレゴのクルマを走らせたり、誰が一番速くゴールできるか競ったり、ゲーム性を持たせる活動にシフトしました。グループで試行錯誤していましたね。みんなクルマが好きでここにいるから、楽しくスキルアップできるんじゃないかって」（太古さん）

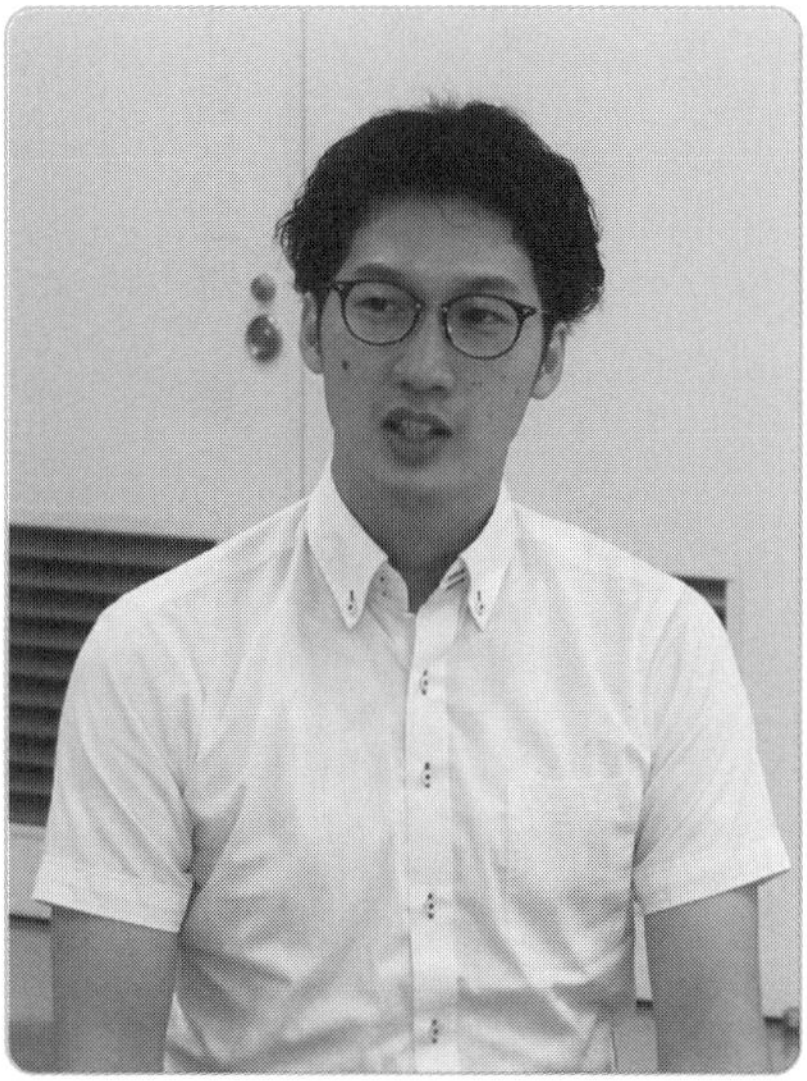

身近なオープンデータを使ったデータ分析コンペの勉強会もスタートしました。

「まずは、みんなで大阪の住宅価格を予測してみました。近畿圏のデータからモデルを作って予測したんです。大阪なら土地勘があるので、『ここは土地柄スコアが悪いはずだから、この価格はおかしい』など、いろんな観点が入ってくるのが面白かったですね。中古車価格を予測したときの優勝者は、中古車査定士の資格を持ったメンバーでした。専門知識を持った人間がプログラムを書くことで、さ

らに良いスコアが出るという好例です」（太古さん）

②競技会は、まとまった休暇の前後に絡める

レースやコンペティションを開催する場合は、ゴールデンウィークや夏休みなど、まとまった休暇の前後に絡めるようにしています。つまり、コンペの開催自体は休暇前に行い、最終結果の発表は休暇後にする運営を心がけています。

「ハマり出したら寝ずにやってしまうメンバーが多いので、休みを挟んだほうが心置きなく没頭できるんです」（太古さん）

③意見が割れたら「会社や世の中にとって良いことか」に立ち戻る

業務外とはいえ、様々な部門・役職のメンバーが一緒に活動する以上、いろいろな忖度が発生しそうです。太古さんは、これをどのように回避しているのでしょうか。

「客観的に見て、『それは会社や世の中にとって良いことかどうか』を基準に話し合った上で決めます。新しいアイディアや異なる意見が出てきたとき、頭ごなしに否定することは絶対にしませんが、間違っていると判断したらやりません。ましてや、「誰々さんが言い出したことだからからやる」ということも致しません。」

（太古さん）

④「ファン」を作る

重要なのが、ファン、つまりフォロワーを作ることだと言います。

「これまで、何か新しいことをしようとすると、大なり小なり必ず障壁にぶつかってきました。そのとき、『一緒に行くぞ！』と言ってくれる人が多ければ多いほど、物事はうまく進むということに気づいたんです。僕の取り組みを面白いと思ってくれる人は、次の取り組みも、『困ったことがあったら協力するよ』『好きにやっていいよ』と応援してくれるんです」（太古さん）

太古さんにとってファンを作ることは、会社をより良くするための手段であって、目的ではありません。そして、現在では、全社の様々な部署に「太古ファン」がいるようです。

⑤逆風は無視

そんな太古さんに逆風はないのだろうか。

「あるかないかで言うと、あります。でも、『何かあったら助けてあげるから』と背中を押してくれる人たちがいるので、特に気にしていません。気にしても仕方がないし、会社や世の中のためになっているなら、それでいいんです」（太古さん）

ファンを増やすには、肩書も大事

ファン（＝フォロワー）を増やすために、太古さんはどんな工夫をしているのでしょうか。太古さんは、「技術研究会である以上、まずはそれなりに技術力があることを証明しなければならない」と言います。「例えば、ゴルフが上手くなりたいと思ったら、下手くそなゴルファーより、上手いゴルファーに教えてもらいたいじゃないですか」。なるほど、分かりやすい。

技術力を裏付けるものとして、自分の社外での取り組みを社内でもＰＲすることも重要になってくるといいます。

「僕はご縁があって、滋賀大学 データサイエンス学部のインダストリアルアドバイザーとして、学生の皆さんにデータ分析について実践的なアドバイスを行っているんです。社内の自己紹介でそう伝えると、『多分きっとすごい人なんだ』という印象を持っていただけるようです。そういう人に教わったほうが、早く上達する気がするじゃないですか。そんなふうに自分の成長に対して希望を持ってもらうことが大事だと思います」（太古さん）

後継者を見つけるため、新たなコミュニティ「ＡＩキャンプ」を創設

課題は、太古さんの後継者を見つけ出すことです。太古さんは、新たなコミュニティ「ＡＩキャンプ」を立ち上げ、活動を進化させてくれる仲間を探しています。

太古さんは、「大事なのは、何を集客のトリガーにするかだ」と言います。

「ＡＩキャンプでは、毎月一回、社外のＡＩ活用実践者や専門家を呼んでイベントを開催しています。第一回は何も宣伝せず、『この人なら来てくれそう』という人に声をかけました。すると、口コミで広がって２３０人くらいが参加してくれました。第二回からは、社内事例も発表してもらうことにしました。発表者は毎回変えています。第二回は開発部門の発表者だったので、その領域のメンバーが増えました。第三回は管理部門の発表者だったので、同じような管理部門のメンバーが増えました。コミュニティメンバーになってくれた人はTeamsでチームを作り、部門を越えて情報交換をしています。こうしてできたつながりが、実際の業務にも良い影響を与えてくれたらうれしいです」（太古さん）

もう一つ重要なのは、〝ここでしか聞けない〟限定感を出すことです。

「東京の人が東京タワーに行かないのと一緒で、いつでも行けるとか、いつでも聴けるとなると、なかなか参加率が上がらないんです。このイベントはこの日だけという限定感を醸し出すことで、参加のモチベーションを高めています」（太古さん）

イベントの開催レポート記事も、コミュニティのTeamsでのみ公開しています。

情熱の火を絶やさない「ほっこり理論」

太古さんには、大切にしている「仲間づくりのコンセプト」があると言います。

「ＡＩキャンプは、キャンプファイヤーのように火にあたってほっこりしながら、少しずつ火種が広がっていくことをイメージしています。その〝情熱の小さな火種を持った人を増やすというのが、僕の仲間づくりのコンセプトです。火の大きさでコミュニティの大きさを表現する方法もありますが、いきなり大きくしてしまうと、火事かもしれないと驚いて火を消そうとする人が出てくるかもしれません。だから僕は、火を大きくするのではなく、火の数を増やしたい。小さな火種がポコポコ出てくれれば、風が吹いて大きくなるかもしれないし、仮に僕の火が消えても、他の火は残っているはずなんです」（太古さん）

コミュニティリーダーに必要な資質とは

ここからはお決まりの質問。太古さんが考える、コミュニティリーダーに必要な資質とは。

「それについて、ちょうど一昨日も滋賀大学の河本薫先生と話していました。河本先生はパッションと言っていましたね。会社を良くしたいとか、世の中を良くしたいとか、そういう情熱を持っている人。僕はそれを火種と言っていますが、コミュニティを通じてＡＩや機械学習に関するノウハウを一つでも多く共有し、ちょっとでも良くしたいという気持ちがないと、とても続きません」（太古さん）

加えて、情熱を秘めた人にリーチするマーケティング能力、技術系のコミュニティなら技術力、さらに、発信するネタを作る企画力が必要だといいます。そのため、太古さんは、あらゆる領域のインプットを欠かしません。

「本は大量に読み漁っていて、YouTubeもずっと聞き流しています。それから『太古くん、これ読んだほうがいいよ』『これやったほうがいいよ』とアドバイスされたら、すぐにやってみます。僕は周りの人にすごく恵まれているのだと思います」（太古さん）

コミュニティは評価されなくていい

ところで、こうしたコミュニティ活動は、ダイハツ工業の社内でどう評価をされているのでしょうか。人事的に良い評価をされることが、コミュニティ活動のモチベーションになることもあるのでしょうか。

「僕は、コミュニティの盛り上がりやコミュニティの成果だけで評価はしないほうがいいと思っています。コミュニティはあくまでも、会社や世の中を良くする手段の一つであって、目的ではありません。仮に、コミュニティを頑張れば評価されるとなって、コミュニティしかやらない人が出てきてしまっては、本末転倒です」（太古さん）

ダイハツ工業では、人事評価基準の一つとして、新たな挑戦を推奨しています。ですから、社内外のコミュニティ活動が全く評価されないわけではありません。ただ、何のためにコミュニティを作るのか、何のために盛り上げるのか、その本質を忘れずにいることが重要です。

事例 2

社内コミュニティは「目的」が命
——DNP「CCoE」の場合

和田 剛 氏
伊藤 丈裕 氏

大日本印刷株式会社
情報イノベーション事業部
ICT センター
システムプラットフォーム
開発本部
DX 推進部 部長
和田 剛 氏

全社横断型のクラウド活用推進チーム

大日本印刷（DNP）は、2018年春、グループ全体のDXとクラウド活用を推進するため、「CCoE（Cloud Center of Excellence）」を立ち上げました。CCoEとは、クラウド戦略を遂行するために必要な人材や知見、リソースなどを集約した全社横断型のクラウド活用推進チームのことです。

DNPは、自前のデータセンターを持っています。それでもクラウドに舵を切ったのは、シリコンバレーを中心とするエンジニアカルチャーに共感し、「自分たちもこうなりたい」と目標を定めたからです。外部のシステムインテグレーターに任せていたプロダクト開発を、ほぼ内製にシフトするとともに、全社員に必要なスキルとして、「クラウド」「アジャイル」「AI」の習得を進めています。

一連の取り組みの中で、ＣＣｏＥは、セキュリティガバナンスを目的としたクラウド利用ガイドラインの策定や、品質向上のための共通サービスの開発、オリジナル研修やハッカソンを通じた人材育成など、新しい技術やサービスのノウハウ、成功・失敗談を共有する場を数多く設け、非ＩＴ部門でも当たり前にクラウドを活用できる状態を目指しています。

初代ＣＣｏＥリーダーの和田剛さんは、ＣＣｏＥを一つの部署ではなく、ＤＮＰグループ全体でクラウドを推進する「社内コミュニティ」と位置づけて活動してきました。今では専任の４人を中心に、１０００人を超えるコミュニティに成長しています。

社内コミュニティは「目的」が命

社内コミュニティの運営において大切なことは何でしょうか。和田さんは、コミュニティの目的を定めることの重要性を語ってくれました。

「私たちのコミュニティは、『みんなでクラウドを使っていこう』という目的のコミュニティなので、活動はその範囲に留めるように意識しています。社内カルチャーの醸成を目指すなら、アウトドアやスポーツなど、いろんな分科会ができてもいいと思うのですが、ＣＣｏＥ登山部とか、ＣＣｏＥ釣り部とかが出てくると、もう崩壊だと思うんですよね」

つまり、「クラウド活用推進」という軸から逸脱しないように活動しようということでしょうか。

「はい、その通りです。つまり、自己実現が目的になってしまっては良くないということです。ですから、組織より自分のやりたいことが優先されてしまうような活動は阻止しています。たまにそういう分科会も立ち上がるのですが、勝手になくなっていきます。『なんか違う』と。反応がイマイチになって、結局、本人もやる気がなくなって終わってしまうのです」

コミュニティリーダーはこうあるべき

社内コミュニティでは、コミュニティリーダーの育成も重要です。世の中のコミュニティの多くは、コミュニティリーダーの素養を持った人が手を挙げて、リーダーを担っていきます。しかし、社内コミュニティの場合は、素養を持った人を見極め、「コミュニティリーダーはこうあるべき」と、しつこく教育していく必要があると和田さんは言います。

ここからは、将来のコミュニティリーダーを担うコアメンバーに対し、和田さんが何度も繰り返し伝えているメッセージを教えてもらいました。

①ビジョン（成し遂げたいこと）はブレないように

コミュニティを続けていく上で必要なのはビジョン、つまり、コミュニティで何を成し遂げたいかです。これをはっきりさせておかないと、新しい意見が出てきたときに、コミュニティでやるべきか否か判断ができなくなってしまいます。このコミュニティの目的は何か、何のために集まっているのか、コミュニティリーダーはきちんと認識しておく必要があります。

②Give First

コミュニティでは「Give First」とよく言われます。しかし、これは必ずしも、人前で話すべきとか、ブログで発信すべきといったアウトプットが正義という話ではありません。Giveするものは情報とは限りません。みんなが集まる場を作ったり、人と人とをつないだり、話しやすい空気を醸成することも重要なファクターです。

③大小いろんな仕掛け

同じ目的で集まったコミュニティでも、中にはいろいろな人がいます。1000人以上いるコミュニティメンバー全員が満足できる取り組みは無理だと思ったほうがいいでしょう。それを目指そうとすると、運営側が病んでいくだけです。10人、20人が満足するテーマでいいのです。少々マニアックなテーマの場合、3人しか集まらないこともありますが、気にする必要はありません。

④一喜一憂しない

なぜなら、「1000人もいるのに、10人しか参加してもらえなかった。もうやりたくない」と落ち込んでいるのは、運営側だけなのです。参加者は、むしろ人数が少ないほうがスキルアップにつながるかもしれません。例えば、1時間のイベントで参加者が3人ならば、単純計算で一人20分も話せます。人数の増減で一喜一憂する必要は全くないということです。

⑤〝楽しそう感〟を演出する

〝楽しそう感〟を出すことも重要です。これには、コミュニティリーダー自身が楽しむ必要があります。

CCoEが開催するイベントの中には、セキュリティやガバナンスのように、大事だけれど、参加者がウトウトしてしまうような、つまらない話もあります。そんなときは、「セキュリティガイドライン感謝祭」といった楽しそうなネーミングにして、「こんなつまらないテーマで登壇させられて、こんなに人も来ないなんて本当に笑えるよね」などと状況を楽しむ。すると、見ているほうも何だかちょっと楽しくなってくるのです。

「ただ、少し難しい面もあります。DNPは基本的に真面目な会社なので、こうした演出を、ふざけていると感じる人もいるのです。ふざけているのではなく、楽しんでいるのです。ふざけているというのは、ある一定のレベルに達していない人が適当にやっている感じ。楽しんでいるというのは、ある程度レベルが高い人が、〝見せる〟ためにやっているエンターテインメント、そんな明確な違いがあると思うんです」

⑥閉鎖的なサブコミュニティを作らない

閉鎖的な仲良しグループを作らないことも重要です。本人たちは居心地が良いかもしれませんが、他を排除していることと同義です。和田さんは、内輪ノリが出てきつつあると察知したら、阻止していると言います。

「例えば、4人のLT大会をしましょうと言ったとき、その4人が身内でバッと決まってしまうようだと危険なサインです。3枠は新メンバーにしようとか、これまでLTをしたことがない人に声をかけてみようとか、そういうことで予防できると思います」

⑦カルチャー（ソウル）として根付かせる

コミュニティがどれだけ大きくなろうとも、ビジョン（成し遂げたいこと）だけはブレないよう、カルチャーとして根付かせていく必要があります。

「自己実現やインセンティブ目的など、よこしまな気持ちでコミュニティに入ってくる人を増やしたくないと思っています。結局、1000人中1人でもそんな人が出てくると、コミュニティは崩壊に向かっていきます。そもそもそういう人をコミュニティに入れないのが一番いいと思うのですが、コミュニティリーダーとしては、そういう人を居残れる環境にしてしまうことが一番問題だと思っています」

コミュニティリーダーを育成するには

コミュニティリーダーの間でたびたび話題に上る「後継者問題」。初代リーダーの熱量を、次世代にどう引き継ぐか、課題を抱えているリーダーは少なくありません。和田さんは、5つの観点を大切に、後に続くコミュニティリーダーを育成してきました。

①Give First の精神

コミュニティではよく「Give First の精神」が重要だと言われます。しかし、そもそもインプットがないと、アウトプットはできません。貪欲にインプットする姿勢が必要です。

②広い視点で物事を捉える

コミュニティリーダーは、一歩間違えれば、自分勝手に局所的な都合で物事を判断できてしまいます。視座を上げて広い視点で物事を捉え、全体最適を図ることが重要です。迷うことがあればビジョンに立ち返り、本当にこれでいいのか自問自答してみましょう。

③声がかかることは最大の喜び

コミュニティメンバーが増えるたびに、同じ話をすることを面倒くさいと感じてはいけません。和田さんいわく「声がかかることは喜び」。動画のコンテンツにして、「分からないことはこれを見てくださいね」としてしまった途端、誰も見なくなって広がらなくなります。内容的には同じ説明だったとしても、中身を改善したり、新しいアプローチを探すと楽しめるようになります。

「同じ話であっても、聞き手のレベル感や理解度はそれぞれです。そこに合わせて話したり、表現方法を工夫することが大事だと思っています。それが、同じ目線に立って真摯に向き合うということなのだと思います」

④まずは行動、そして継続

考えるより、とりあえず行動すること。言うのは簡単ですが、コミュニティが軌道に乗ってきて慣れが生じると、どんどんやらなくなっていくもの。意識して行動し続ける必要があります。

⑤世の中から評価される存在になる

最後は、常に広い世界を見据えるということ。

「最近は幸いにも取材や講演の依頼が舞い込んできます。周囲から認めていただけているとは思うのですが、クラウド界隈だけの話だと思っています。もう少し広いＩＴや技術という視点で見たら、まだまだです。ですから、もっと大きな世界で評価されることを意識しようと。狭い世界で奢ってしまうと、そこで成長が止まってしまいます」

和田さんは、コミュニティリーダーとは、これら5つを推進できる人だと言います。

「よく『CCoEの専任は4人なのですか。少ないですね』と言われるのですが、そもそもそんなに多くいないからこそ人材を育て、コミュニティリーダーとして活躍してもらいたいと思っています。コミュニティリーダーに向いているか否かは、年齢も性別も育ってきた環境も関係ありません。本当に向いている人を探すなら、まずは何かの色眼鏡で見ないことが重要です」

大日本印刷株式会社
情報イノベーション事業部
ICT センター
システムプラットフォーム
開発本部 DX 推進部
伊藤 丈裕 氏

二代目リーダーがスムーズにオンボーディングするには

2021年4月、和田さんは3年務めたCCoEリーダーを後任の伊藤丈裕さんに託しました。

「和田さんと同じことはできないと思いますが、和田さんが大切にしてきたことは守りつつ、自分の色を出していきたいと思います。できないことは、メンバーが助けてくれますしね」（伊藤さん）

伊藤さんは、どんなコミュニティリーダーなのでしょうか。

「これは完全に主観ですが、和田さんがコミュニティリーダーだった時代で既にキャラクターが立っているメンバーが何人もいて、和田さんの強烈なリーダーシップのもと、みんなでワーと盛り上がっていたのです。でも、私にはそういうスキルは全くないと思っています。それでもコミュニティが自走できているのは、和田さんの時代に、みんなでビジョンや目的をきちんと共有できていたからこそ。ですから、私が何か新たに着火するといったことはほとんどしていません」

和田さんは、「二代目コミュニティリーダーがスムーズにオンボーディングするには、引き継ぐ時期が大事」だと言います。

「コミュニティの盛り上がりが頂点に達した後で引き継

ぐ人が多いと思うんです。でも本当は、今まさに上昇気流に乗っているぞというときにバトンタッチするべきです。リーダーを交代した瞬間は、当然まだ慣れてないので、少し勢いが下がってしまうこともあります。そうなっても大丈夫なくらい勢いがあるタイミングでバトンタッチしないといけません。名残惜しいくらいのタイミングで引き継ぐのがちょうどいいんです」（和田さん）

事例
3

「変えたい」という思いがなければ変革は進まない
――デロイト「Google Cloud Community」の場合

中村　旭　氏
小泉　鉄之祐　氏

デロイト トーマツ
コンサルティング合同会社
ディレクター
中村 旭 氏

ここで変われるか
試されるコンサルティング業界

ＤＸ（デジタルトランスフォーメーション）を追い風に、再び成長軌道に乗った国内のコンサルティング業界。ＩＤＣ Ｊａｐａｎによれば、２０２１年の同市場規模は、前年比１１・４％増の５７２４億円。２０２６年には８７３２億円に達すると予想されています。

『強い者が生き残るのではない、変化できる者が生き残るのだ』

進化論で有名なチャールズ・ダーウィンが言ったとか言ってないとかいうこの言葉。真偽はさておき、変化への対応力が求められるのはコンサルティング業界もまた同じです。

デロイト トーマツ コンサルティングの中村旭さんは、２０２０年10月、Google Cloud とのアライアンスを強化する中で、社内に Google Cloud の知識やノウハウを広めるためのコミュニティ（Deloitte Japan Google Cloud Community）を立ち上げました。

「今後、１００人も２００人も投入するような大規模開発は減っていくのではないか、と考えています。より小さな開発単位で疎結合のシステムを作り、常にリファクタリングとアップデートを繰り返すのが、今後のシステム開発・運用のあり方なのではないかと思います。それを実現するためには、クラウドを使いこなし、アジャイル開発の方法論を組織レベルで浸透させていく必要があります」（中村さん）

中村さんが、これまでのエンタープライズＩＴのあり方に危機感を持ち、クラウドやアジャイルに傾倒し始めたのは、２０１７年頃だと言います。ＤＸという言葉を流行らせた経済産業省の「デジタルトランスフォーメーションを推進するためのガイドライン（ＤＸ推進ガイドライン）」が発表される1年前のことです。

「当時のお客さまの反応は、『中村さんは何を言っているのかさっぱり分からない』でした。当然です。今でこそ確信を持って『お客さまのシステム運用の考え方を根本から変える必要がある』と言えますが、２０１７年頃はかなり解像度の粗い話しかできませんでした。『この人が言っていることは正しい』『一緒に変えていこう』なんて信頼してもらえるはずがなかったのです」（中村さん）

コンサルがまた机上の空論を言ってるよ。当時の中村さんが顧客からそう思われていたことは、想像に難くありません。

「同じく危機感を持っていたお客さまもいらっしゃったと思います。でも、お客さまの中に『変えたい』という熱い思いがなければ変革は進みません。私たちコンサルタントにできるのは、お客さまからその熱い思いを引き出すこと。『ありたい姿とのギャップは何でしょう?』『どうすれば理想に近づけるのでしょうか?』と、傾聴やコーチングに近いやり方で一緒に道を切り開いていくことだと思います。思いを言語化できるまで整理できたなら、小さなことからやってみる。迷ったらもう一度ありたい姿に立ち戻る。これを何度も繰り返しながら、少しずつ理想に近づいていくしかないのです」(中村さん)

伴走といえば聞こえはいいが、時には意見がぶつかって顧客と大げんかすることもあるのだとか。

学習機会の提供が成長の原動力

2020年10月の設立当初10人だったコミュニティメンバーは、2022年11月時点で、デロイト トーマツ グループ全体の5%にあたる480人にまで増えています。コロナ禍でリアルな集まりが制限されるなか、どのようにして成長させていったのでしょうか。

中村さんが行ったのは大きく3つ。1つ目は、コミュニティをGoogle Cloud案件の相談窓口として機能させることです。このコミュニティの人に聞けば必要な情報が何でも手に入ると社内に周知し、コミュニティにアクセスするきっかけを作り出しました。

2つ目は、情報提供の場を作ること。社内のコミュニケーションプラットフォームにグループを作り、Google Cloudに関するニュースやアップデート情報を日々共有しました。簡単なようで毎日となると地味に大変です。

「Google Cloudの担当者が送ってくれる参考記事などもここで流していました。何かしらの話題がフックとなってGoogle Cloudへの関心を高めてくれたらいいなと、とにかくやり続けました」(中村さん)

3つ目、最もコミュニティの成長に寄与したのは、Google Cloudに関する学習機会を提供したことです。これがインセンティブとして機能するのは、もともと学習意欲が高く、知識の習得や資格取得が顧客への価値に直結するコンサルタントならではかもしれません。研修会や認定資格の受験キャンペーンなど、積極的に案内していきました。

「DXが叫ばれるようになり、コンサルタントは今まで以上にテクノロジーの知見が求められるようになりました。特にクラウド、アジャイル、アナリティクス、この3つの分野は既にコンサルタントが持つべき基礎知識として認識されつつあります。特にエンジニアリングど真ん中の部門では、資格を取得しないと昇格でき

ないこともあり、どこでどう勉強したらいいのかみんな探しているんです」（中村さん）

コミュニティ運営のコツ

コミュニティメンバーが増えるにつれ、運営面でも課題が生じていきました。ここからは、コミュニティ運営のコツを見ていきましょう。

①活動を絶やさない

中村さんは、とにかく活動を絶やさないことが大事だと言います。例えば、グループチャットに毎日1本関連記事を流すなど、本業が忙しくても無理なく続けられることから始めるのがいいでしょう。

「完全に止まった瞬間、コミュニティは一気に風化していきます」（中村さん）

②メンバーの暴走を防ぐ

熱意のある人をコアに据えることも重要です。中村さんは、「熱意のある人がいなくなったコミュニティは存在意義を失い、シューッと消えていく」と言います。

ただ、熱意と暴走は紙一重。コミュニティは、一種のナレッジセンターとして機能することが求められます。そのため、社内でポジションを確立したいと目論む人がコアメンバーになると、その人自身のアピールの場に使われるなどマウンティングの温床となり、メンバーが一気に離れてしまうのです。

「暴走するのは現状に不満があるからです。一生懸命やっているのに認めてもらえないとか、気づいてもらえないとか、承認されていない何かがあるのだと思います。コミュニティの中でフィードバックの機会を設け、お互いの頑張りを認め合うカルチャーを作っていく必要があります」（中村さん）

デロイト トーマツ
コンサルティング合同会社
スペシャリストシニア
小泉 鉄之祐　氏

③本業の一環として進める

中村さんには今、小泉鉄之祐さんという相棒がいます。2022年に入社したばかりですが、前職でも社内コミュニティの運営に力を入れていた頼もしい存在です。

「私はコミュニティを通じて新しい技術に触れたり、スキルアップしたりといったことが本業にも非常に良い影響を及ぼすと信じています。ですから、本業の一環だというスタンスでコミュニティ活動に取り組んでいます。自分の人事目標にも入れておくと上司からも理解が得やすく、継続しやすいのではないでしょうか」（小泉さん）

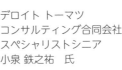

④コミュニティの成果は多様である

ただ、コミュニティに短期的なビジネスの成果を求めるような目標を設定するのは良くないと言います。例えば、「コミュニティ活動によって売上を何%上げる」といった目標設定はある程度は必要かと思いますが、コミュニティの本質を見失うことになりかねません。

また、コミュニティの参加人数や資格取得者数を目標とすることも、「とりあえず人を増やそう」「とりあえず資格試験を受けさせよう」となってしまうのなら避けたほうがいいでしょう。

⑤コミュニティの存在意義を伝えるには数字も大事

とはいえ、上司への説明には数字が有効です。上司から「そういえばあのコミュニティ、最近どう？」と聞かれたとき、「今300人まで増えていて、年間20回イベントを実施しています。資格取得者は100人になりました」など、熱量を数字でも伝えられれば、コミュニティ活動に意義を感じてもらいやすくなるでしょう。

「コミュニティの存在意義を認めてもらうために数字を作る、というところはあるかなと」（小泉さん）

本業の一環として進めるけれど、ビジネスへの貢献は求めすぎない。でも、コミュニティの存在意義を伝えるには数字も大事。少し矛盾しているようにも見えるかもしれませんが、これらを絶妙なバランスで実行することで、周囲の理解を得ながらコミュニティを成長させていくことができたようです。

社外からの評価を印籠に

コミュニティ活動を奨励する文化がない企業の場合、コミュニティ活動を頑張っていると強調すればするほど、「で、本業は?」と言われかねません。

「社外からの評価を利用するのも手です。私はGoogle Cloudのエンタープライズユーザーコミュニティ Jagu'e'rでも活動しているのですが、2021年にJagu'e'r Awardを受賞したんです。こうした賞は印籠のように使えますよ(笑)。Google Cloudのブログに名前や社名が載れば企業ブランドの向上にも寄与しますし、活躍の噂が巡り巡って顧客の口から上層部の耳に入ることもあります。頑張って一から説明しなくても、良い取り組みだと認識してもらいやすくなるのです」(小泉さん)

こうした流れを作るには、もちろん外のコミュニティでも積極的に活動することが不可欠です。中村さんは、コンサルティング業界は特にこうした外からの評価が重要だと言います。

「コンサルタントの生態として、『業界で名が知られていること』が重視される傾向があります。本を出すとか、講演するとかはまさにそれです。若いうちから社外のコミュニティで活躍し、社名ではなく個人で評価されているというのは、非常にインパクトがあることなのです」(中村さん)

「今の〝若いうちから〟というのがポイントです。コミュニティは年齢や実績に関係なく手を挙げればリーダーになれたり、好きなテーマでイベントを開催できたりするんです。その価値は計り知れません。私は20代からJagu'e'rに参加し、様々な業界の経験豊富な部長クラスの方がいるなかでファシリテーター役をやらせていただきました。最初はすごく緊張してドギマギしていたのですが、貢献したいという気持ちさえあればそういうのもウェルカムというのがコミュニティの良さだと思います」（小泉さん）

コミュニティの成果

コミュニティ設立から2年。どのような成果が生まれているのでしょうか。

「資格取得者が増えました。もちろんコミュニティの力だけではありませんが、コミュニティ設立前５人だったGoogle Cloudの資格取得者は、約１２０人（２０２２年11月時点）にまで増えています」（小泉さん）

ノウハウのありかを見える化する「ノウフー（know who）」も進んだといいます。

「Google Cloudとのビジネス立ち上げ期に、分からないことはコミュニティに聞けば何とかなると認識してもらえたのが良かったと思います。技術的なことから契約に関することまで、実務的なサポートもしています」（中村さん）

コミュニティリーダーに向く人、向かない人

ここからはお決まりの質問。どんな人がコミュニティリーダーに向いているのでしょうか。明るくにぎやかな、いわゆる「陽キャ」な人が向いているかというと、そうでもないようです。

「私は懇親会で決まって壁際でぼっちになるタイプです。でも、社内の人材育成を担当し、盛り上げ施策をあれこれ考えるようになってから、社内でもっとノウハウを広げるためには横のつながりを作る必要があると気づきました。そこで、コミュニティという形で盛り上げていくことにしたんです」（小泉さん）

自分が目立つのは苦手だけれど、仲間が輝いているのは好き。小泉さんは、発信したくてウズウズしている人を見つけるのが得意だと自己分析します。「この人はこういうテーマで話したいと思っているはずだ」と気づくと、真っ先に「LT（ライトニングトーク）しませんか？」と誘ってみるのだそうです。

「あるとき気づいたのですが、そうやって他の人を目立たせようとすると、自分にもある程度のプレゼンスが必要なんですよね。全く知られていない人に急に声をかけられても登壇したいと思えないかもしれないし、勉強会の告知をしても興味を持ってもらえないかもしれません。そのバランスを試行錯誤しているところです」（小泉さん）

最後に、中村さんに今後の目標を聞きました。

「社内コミュニティが盛り上がるのはすごく良いことだと思います。加えて、これからは社外のコミュニティとも積極的に情報交換できればと思っています。小泉さんが入社して、Jagu'e'rとつながりました。社内の様々な取り組みがJagu'e'rでも共有され、こちらにもJagu'e'rの知見が入り、これらがグルグル回るようになれば、さらにいいコミュニティにできるのではないかと思っています」（中村さん）

事例4

秘訣は、教えることで学ぶ
―アクセンチュア「カスケード式トレーニング」の場合

青柳 雅之 氏
秋元 良太 氏
横山 祐樹 氏
吉田 智哉 氏

アクセンチュア株式会社
テクノロジーコンサルティング本部
金融サービスグループ
アソシエイト・ディレクター
青柳 雅之 氏

人に教えて理解を深める

アクセンチュアの「カスケード式トレーニング」は、クラウドの知識習得と資格取得を目指す社内コミュニティです。２０１９年2月のスタート以来、ＡＷＳ、Google Cloud、Azure の三大クラウドでトレーニングを実施。本稿執筆時点で３００人を超えるメンバーが参加しています。

カスケード式トレーニングとは、どのようなものなのでしょうか。

「インプットとアウトプットを毎週少しずつ行うことで、知識の定着を

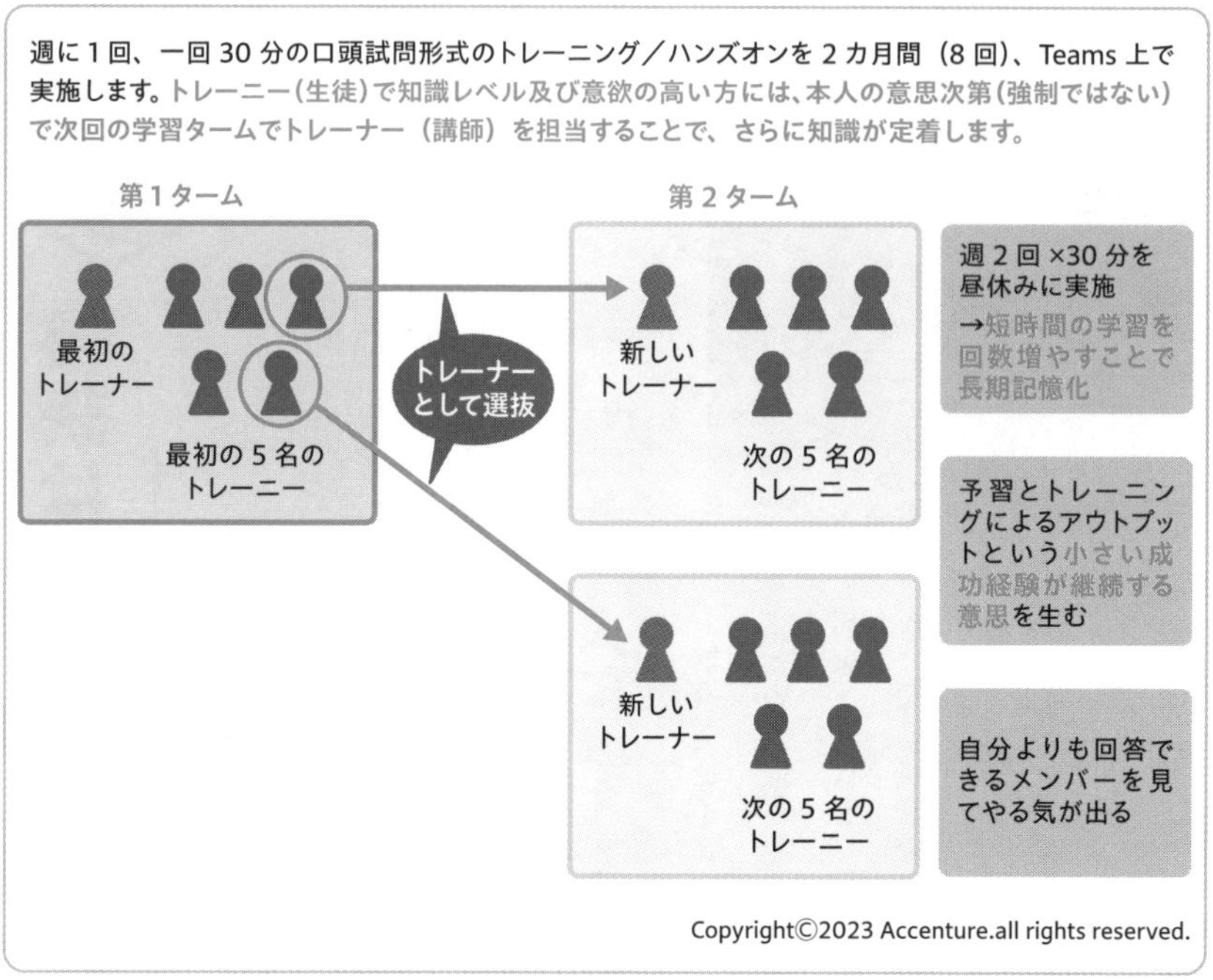

週に 1 回、一回 30 分の口頭試問形式のトレーニング／ハンズオンを 2 カ月間（8 回）、Teams 上で実施します。トレーニー（生徒）で知識レベル及び意欲の高い方には、本人の意思次第（強制ではない）で次回の学習タームでトレーナー（講師）を担当することで、さらに知識が定着します。
第 1 ターム
最初の
トレーナー
最初の 5 名の
トレーニー
トレーナー
として選抜
第 2 ターム
新しい
トレーナー
次の 5 名の
トレーニー
新しい
トレーナー
次の 5 名の
トレーニー
週 2 回 ×30 分を
昼休みに実施
→短時間の学習を
回数増やすことで
長期記憶化
予習とトレーニン
グによるアウトプッ
トという小さい成
功経験が継続する
意思を生む
自分よりも回答で
きるメンバーを見
てやる気が出る
Copyright©2023 Accenture.all rights reserved.

図 1　カスケード式トレーニングの仕組み

目指しています」。そう語るのは、カスケード式トレーニングの生みの親・青柳雅之さん。マイクロソフト、アマゾンウェブサービスの日本法人を経て、２０１７年にアクセンチュアに入社。パブリッククラウドに骨の髄まで浸かったエンジニアです。

カスケード式トレーニングでは、参加者が講師と生徒に分かれ、生徒は毎週決められた範囲を予習し、講師の口頭試問に答えます。便宜上、講師と生徒に分かれていますが、基本的には全員で学ぶコミュニティです。講師と生徒がフラットに質問や意見を出し合える場を作り出しています。１回の口頭試問は30分。それを週1回のペースで続けます（図1、図2）。

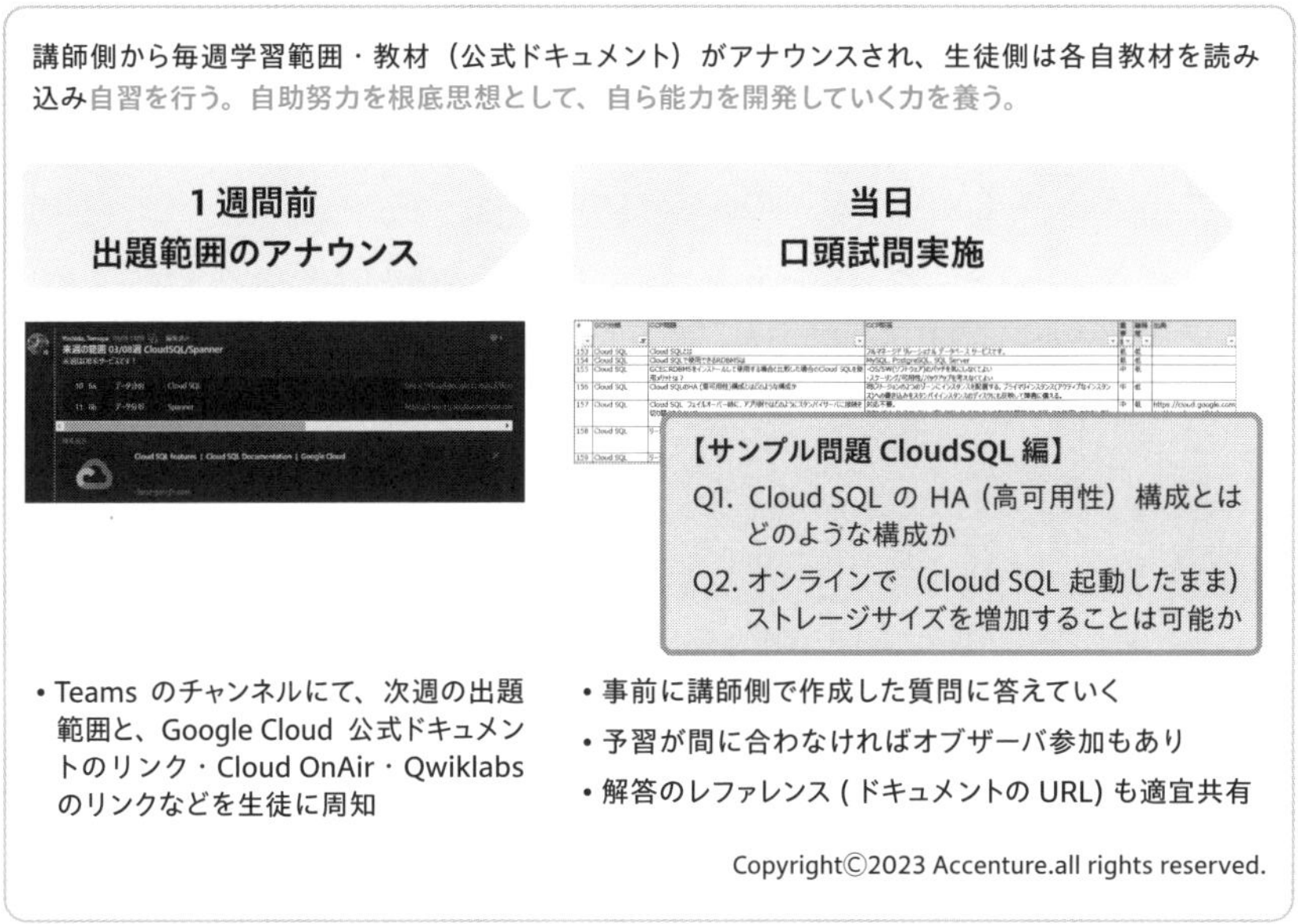
講師側から毎週学習範囲・教材（公式ドキュメント）がアナウンスされ、生徒側は各自教材を読み込み自習を行う。自助努力を根底思想として、自ら能力を開発していく力を養う。
1週間前
出題範囲のアナウンス
来週の範囲 03/08週 CloudSQL/Spanner
Cloud SQL features | Cloud SQL Documentation | Google Cloud
当日
口頭試問実施
【サンプル問題 CloudSQL 編】
Q1. Cloud SQL の HA（高可用性）構成とはどのような構成か
Q2. オンラインで（Cloud SQL 起動したまま）ストレージサイズを増加することは可能か
• Teams のチャンネルにて、次週の出題範囲と、Google Cloud 公式ドキュメントのリンク・Cloud OnAir・Qwiklabs のリンクなどを生徒に周知
• 事前に講師側で作成した質問に答えていく
• 予習が間に合わなければオブザーバ参加もあり
• 解答のレファレンス (ドキュメントの URL) も適宜共有
Copyright©2023 Accenture.all rights reserved.

図 2　カスケード式トレーニングの流れ

一番の特徴は、生徒が次の講師役を担っていくということです。人に教えることで理解が深まり、学習効果を高めることができます。そして、さらに新しい生徒が参加することで、組織全体のスキルアップにつながっていきます。この仕組みをして、青柳さんは「カスケード」と名付けたのです。

コミュニティの名付け方

そもそも「カスケード」には、どのような意味が込められているのでしょうか。

もともとカスケードとは物理学の用語です。高エネルギー粒子が物質中で相互作用すると、多数の二次粒子が発生します。その二次粒子群が物質中を進行しながらさらに相互作用を起こし、ネズミ算的に総粒子数が増えていく――この現象を指して、カスケードと呼びます。青柳さんは大学院

時代に物理学を専攻していたそうで、生徒と講師が増えていくさまを、ふと「カスケードみたいだ」と思ったのだとか。

「コミュニティをどう名付けるかは非常に重要です。シンプルな単語ほど、公式っぽいというか、パブリックでフォーマルな感じがしますし、発音しやすいほうが浸透するんです。今では社内の上層部からも、『青柳さん、カスケードやってよ』と言われるようになりました」

楽していては、客先で応用が利かない

青柳さんが「カスケード式トレーニング」を始めたのは、客先で抱いた危機感からでした。

「私たちの仕事は、技術的な専門知識に加え、お客さまの課題やニーズに応じた柔軟な対応が求められます。難しい内容を噛み砕いて分かりやすくした資料を読んで理解した気になっていては、いざというときに応用が利きません。実際、お客さまとのディスカッションの場で、言葉に詰まってしまうメンバーも多かったのです。たとえ難しくても、原文の技術ドキュメントを読むことを習慣化し、お客さまとのディスカッションを想定した口頭試問を通して、血肉にしてほしいという思いがありました」

生徒が講師になっていくというアイディアも、過去の経験から生まれたものでした。

「以前の職場でメーカーを担当した際に、ある特定の言語やフレームワークを使って開発をすることになったのですが、子会社を含め100人以上いたメーカー側のメンバーは、誰もそのフレームワークを使ったことがなかったのです。われわれが座学で教えるプランもあったのですが、それだとコンサルティング費用が高くなりすぎる。しかし、ずっとサポートが必要な状態ではもっと高くなってしまいます。そこで、『メーカーの社内で教えられる人を育てるしかない』という判断に至りました」

青柳さんは、メーカーの数名を集め、一緒に設計・開発することで、生きたノウハウを提供していきました。こうして、一緒に開発したメンバーが講師となり、社内の他のメンバーにも教えていく土壌を作っていったのです。

ただ、やみくもにメンバーを集めても、そううまくは育たなかったようで……。

「メンバーは、子会社を含め選抜式にしてもらいました。さらに、集まったメンバーにその言語の筆記試験を受けてもらい、合格した人のみトレーニングに入れるということにしました。受からない人もたくさんいましたし、5回挑戦してやっとという人もいました。教えてもらって育ったら、今度は自分が教えて……その繰り返しで、最終的には自分の会社に持ち帰って後輩に教えると。それで、コンサルティング費用を抑えつつ、スキルトランスファーを行ったんです」

スキルもないし、時間もない。青柳さんは、このときのメーカーと、カスケード式トレーニングを始める前のアクセンチュアが、同じ状況に思えたと言います。

（当時）アクセンチュア株式会社
テクノロジーコンサルティング本部
横山 祐樹氏

運営メンバーの横山さんは、カスケード式トレーニングは知識を身につけるだけではなく、コンサルタントとしての腕を磨く上でも効果を発揮していると言います。

「コンサルタントにとって資格を取ることはもちろん大事ですが、お客さまに何を聞かれても答えられることや、具体的な実装について口頭試験の際に勉強したことを自らの口で表現してもらうことで、より的確なアドバイスができることのほうが重要です。口頭試問で勉強したことを言葉にすると、『お客さまにもこうやって説明すればいいんだ』とか、『今の伝え方では分かってもらえないな』と、自分で気づくことができるんです。講師になるとさらに理解が深まります」

無理にメンバーを増やしても意味がない

高エネルギー粒子がネズミ算的に増えていく本物のカスケードと違い、カスケード式トレーニングは、なかなかメンバーが増えないと言います。運営メンバーの横山さんと吉田さんは、その実態をこう語ります。

「カスケード式トレーニングは、毎回、技術ドキュメントを読んで予習して臨まなければいけません。自助努力が大事なんです。無理にメンバーを増やしても、本業が忙しいこともあり、残念ながら途中で脱落する人も中にはいます。」（横山さん）

アクセンチュア株式会社
テクノロジーコンサルティング本部
データグループ
吉田 智哉 氏

「2022年9～12月のタームでは、10人が手を挙げて集まってくれました。そのうち最後まで予習ができていたのは2、3人でした。でも、その2、3人はかなりモチベーションが高い。そういう人材を見い出せるのも、カスケード式トレーニングの良いところです」（吉田さん）

吉田さんは、自身が生徒として初めてカスケード式トレーニングに参加したときのことを教えてくれました。

「私は、2020年2月にアクセンチュアに入社しました。ちょうど新型コロナウイルスが猛威をふるい始めた時期で、プロジェクトメンバー以外とつながる機会が持てず、新しいことを学びたいという意欲も持て余していました。そんなとき、青柳さんがカスケード式トレーニングの参加者を募集していたんです。よく分からないけど応募してみようと思い応募したのがきっかけです。」

実際に参加してみると、参加者の所属部署は様々で、学習意欲の高い人たちでした。吉田さんは、「他のメンバーの姿勢に後押しされる形で、自分も一生懸命ついていった」と言います。

3カ月の厳しいカスケード式トレーニングを修了し、晴れて講師となった吉田さんは、自分の部署のメンバーにもカスケード式トレーニングを広めようとしました。

「私の部署では、資格取得もKPIの一つとなっています。カスケード式トレーニングを利用して、資格取得とスキルアップが実現できれば一石二鳥だと思い、全員にダイレクトメールを送って20人に参加してもらったのですが、結局、最後まで残った方は多くはなかったです。」

つまり、外発的動機でカスケード式トレーニングに参加させるのは、非常に難しいということです。メンバーを増やすなら、内発的動機づけに寄与する仕掛けが必要です。しかし、青柳さんをはじめ運営メンバーは、「残れる人は残る」「学びたいという意欲が強い人が残ってくれれば問題ない」と、ポジティブに捉えているようです。

「そもそも、『誰かに教えてもらわないとできません』という人は、一流のコンサルタントやエンジニアにはなれないと思っています。僕は、自分でサクサク勉強を終わらせて、学んだことを人に教えよう、と思うくらいの人でないと成長し続けることは難しく、そういう人にこそ残ってもらいたいと思っています」（青柳さん）

コミュニティの目的によっては、無理に参加者を増やして盛り上げようとしたり、足が遠のいているメンバーを無理やり引き止めたりすることで、かえってコアな参加者の向上心や満足度を下げることになるのかもしれません。

とはいえ、カスケード式トレーニングは大きな成果を上げています。300人以上が参加し、その多くが資格を取得しているのだそうです。

アクセンチュア株式会社
Accenture Song
コンサルタント
秋元　良太 氏

楽しく学ぶコミュニティも新設

ここまででお察しの通り、カスケード式トレーニングは、合う人と、合わない人がいます。運営メンバーの秋元良太さんは、カスケード式トレーニングの経験者を中心に、新たなコミュニティを立ち上げました。

「カスケード式トレーニングは楽しむことが目的ではありません。でも僕は、これをきっかけに面白い人がつながっていく、そういう意味でのカスケードにもすごく興味があるんです。新しいコミュニティは見切り発車

ではありますが、モチベーションの高い人がゆるくつながっていて、毎回とても良い雰囲気です」（秋元さん）

仕組み化で、コミュニティリーダーの後継者問題を解消

様々なコミュニティで湧き上がる、コミュニティリーダーの後継者問題。カスケード式トレーニングの場合はどうでしょうか。青柳さんは涼しい顔で言います。「カスケード式トレーニングの経験がある人なら、誰でも引き継げると思いますよ。仕組み化していますから」。

「僕は、マイクロソフト時代に開発部門でアジャイル開発をしてたのですが、何でもかんでもすべてドキュメント化していたんです。各ロールの細かい仕事の内容が、ナラティブに書いてある。突然引き継ぐことになったとしても、自分の果たすべき役割がつぶさに書かれているので非常に楽でした。プロジェクトログを残すのは、プロジェクト管理の基本中の基本です。でも、残さない人が多いんですよね。僕はプロジェクトにアサインされると、仕事をしながら必ずWikiを書くようにしています。コミュニティもそうです。だから、引き継ぎが容易なのです」

青柳さんの習慣は、〝究極のGive〟と言えるかもしれません。「引き継ぎを容易にするのは、コミュニティリーダーの最低限の責務」。青柳さんにそう厳しく諭されている気がします。

コミュニティリーダーに向いている人とは

ここからはお決まりの質問。青柳さんが考える、コミュニティリーダーに必要な資質とは？

「大きく三つあります。まず、コミュニティ運営に必要な、案内文章を書くこと、人を募集すること、集計を取ることなど、実際に自分で細かい事務作業ができることは重要です。これを人任せにしてしまってはいけません。雑務をするリーダーの姿を見て人は動くのです。それから、利他的な考えができる人。『情けは人の為ならず』とはよく言いますが、人のためにした行動はいつか自分に返ってきます。反対に、自分が目立ちたいだけの人には務まりません。あとは、物事を中長期的な視点で考えられる人ですね。先ほどお伝えした引き継ぎの仕組み化も、ここにつながります」

しかし、属人的な要素を排すと言いながら、カスケード式トレーニングは青柳さんが生み出したもの。青柳さん独自のコミュニティリーダー論も聞いてみたい。

「僕にはあまり怖いものがないんですよね。誰に何を言われようと踏み出せるのが強みだと思っています。それは、社内で何か言われても、ちっとも怖くないことを知っているからです。転職や異動の回数が多いため、『ここの人間関係がダメになっても他がある』とか、『こういうことを言ってくる人がいても無視して大丈夫』とか、経験上分かっているんです」

青柳さん流の抵抗勢力との闘い方は、極めてシンプル。

「例えば、実際にはこういうことはありえないのですが、『勝手にコミュニティなんて作って、うちの部署のメンバーを巻き込んで、君はアクセンチュアではもう評価されないぞ』と言われたとします。でも、『いや、それはあなたの主観ですよね』としか思いません。そういうのを本気にしてはいけないんです。そんなことで自分の価値は下がりません。正しいと思えば貫く。逆に、『あ〜、そんなふうに言われるなんて俺もエラくなったな。それだけ存在感があるってことか』と、ポジティブに考えます」

ゴールは、育成制度がなくても成長出来るようになること

最後に、青柳さんが考える、カスケード式トレーニングのコミュニティとしてのゴールとは？

「カスケード式トレーニングのような育成制度がなくなることです。育成制度がなくても、一人ひとりが自律的に成長できるようになるのが一番です」

そのためのマイルストーンの一つが、カスケード式トレーニングをさらに尖らせることだと言います。

「ずっと資格取得やスキルアップを目的にしていては、発展しないと思います。次は、クラウドガイドラインを作ったり、すぐに展開できるテンプレートを作ったり、ソリューション開発を行ったりと、実務に直結す

る活動に手を伸ばしていきたいです。これは、自分のためでもありますが、みんなのためでもあります。エンジニアは仕事を楽にするのが仕事ですから」

事例 5

共同作業がコミュニティを強くする
——KDDI「KCLUG」の場合

大橋衛 氏

KDDI株式会社
DX推進本部
ソフトウェア技術部
大橋 衛 氏

全社横断でメンバー同士がつながる場が欲しい

ＫＤＤＩの「KDDI Cloud Users Group（通称：ＫＣＬＵＧ／クラッグ）」は、クラウドをテーマにした１３００人を超える社内コミュニティです。もともとＫＤＤＩでは、ＣＣｏＥ（Cloud Center of Excellence）が中心となって、クラウド活用を推進していました。

「クラウドが全社に浸透し、ＣＣｏＥだけで引っ張っていくのが大変になってきたのと、全社横断でメンバー同士がつながる場を作りたくて、ＫＣＬＵＧをスタートしました」。そう語るのは、ＫＣＬＵＧのリーダー大橋衛さんです。

発足当初は、「いくつかのコミュニティを合併させて３００人のグループを作り、そこに一方的に情報提供していた」というＫＣＬＵＧですが、今ではメンバー同士が自律的に活動しているといいます。一体どうすれば、そんなふうに活気あるコミュニティへと成長させることができるのでしょうか。大橋衛さんに火の付け方、薪のくべ方を聞きました。

立ち上げ期は、努めて活発なコミュニティを演出

大橋さんが立ち上げ期に最も意識したのは、コミュニティがアクティブであることを見せ続ける、ということ。

「よくありがちなのが、コミュニティを立ち上げるだけ立ち上げて、単発の勉強会を不定期に開催しているようなパターンです。メンバー同士の日常的なやり取りがないと、コミュニティとしては成立しません。KCLUGでは、Teamsを使って気軽に情報交換できる場を作りましたが、最初は質問ばかりで答えてくれる人は誰もいませんでした。そこで質問が飛んできたら運営メンバーがすぐに返事をするようにして、コミュニケーションが成立し続ける状態を維持させました」

ある意味サクラともとれるこうした〝演出〟を大橋さんは、一年ほど続けたと言います。キャズムを超えたなと思ったのは、コミュニティのTeamsメンバーが７００人を超えたあたりから。

「聞けば答えてくれるとなると、次第に人が集まってくる。そのうち運営メンバー以外も少しずつ答えてくれるようになってきました。そうして、いろんな人が答えていると、誰でも答えていいんだという空気が醸成

され、運営メンバーではない人たちもバンバン答えてくれるようになりました。ここまできてやっとコミュニティが回り始めた、と感じるようになりました」

共同作業がコミュニティを強くする

もう一つ、KCLUGが活発化した要因には、あるパブリッククラウドの大規模障害がありました。

「Teamsに専用スレッドを作って、『どこがおかしい』とか『大丈夫、ここは何とかなる』とか、関連システムの状況を整理していきました。たくさんの人が書き込んでくれて、情報集積所、議論の場として機能しました。これをきっかけに、『クラウドで何かあったらあそこで聞け！』と認知され、コアなメンバーが増えていきました。みんなで危機を回避したことで、コミュニティが強くなったんです」

これ以降、KCLUGは、障害告知共有プラットフォームとしても使われています。

「クラウドで障害が検知されると、ここに連携されるようになりました。『この障害は、うちにも何か影響出ていますか？』とか『クラウドプロバイダーからはまだ告知されていませんが、うちのシステムのここに影響が出ています』みたいに、みんな能動的に自分の領域について書いてくれて、どう対応すべきか議論が始まります。実際、クラウドプロバイダーから告知が出ないような障害もあるんです。それが、お客さま向けのサービスに影響を及ぼしてしまうこともある。そんなとき、営業が『公式から情報は出ていませんが、社内ではすでに把握しており、対応を開始しています』と言えることは非常に強力です。KCLUGは、もはやコミュニティの域を越えているのかもしれません」

社内コミュニティの勢いを維持するために必要なこと

大橋さんは、社内コミュニティの勢いを維持していくためには、いくつかのポイントがある、と言います。

①コミュニティ活動を業務として認めてもらう

大橋さんは、KCLUG立ち上げ以前に社内で初の技術コミュニティを立ち上げる際、コミュニティ活動を業務の一部として認めてもらえるよう本部長に直談判し、運営メンバーを募集したといいます。

「完全なボランティアとして募集するとなかなか集まらないと思うんです。たとえ興味があったとしても本業がありますから、そこを押し分けてでも入ろうとはなかなか思わない。でも、会社に認められた活動で、業務の一部として取り組めるとなれば、格段に手を挙げやすくなる。事実、この募集をかけた時、私は1人でもやる覚悟があったのですが、蓋を開けてみれば20人以上が立候補してくれました。驚きとともに非常に嬉しかったことを覚えています」

②活躍してくれた人に称号を与える

2021年には、社内のクラウド浸透に尽力したメンバーを表彰する「クラウドチャンピオン制度」をスタートさせました。この制度には「KDDI Cloud Ambassadors」と「KDDI Cloud SAMURAI」という2つの〝称号〟が存在します。

「KDDI Cloud Ambassadors」は、社内にクラウドを広め、積極的に活用を指南してきたメンバーに与えられる称号です。単にクラウドのスキルが高いだけではなく、自分のノウハウを積極的にアウトプットし、KDDIのプレゼンス向上に貢献していることも評価の対象となります。

「KDDI Cloud SAMURAI」は、その Ambassadors の中から極めて顕著に活躍したメンバーに与えられる称号で、Ambassadors を候補者として、KCLUGメンバーの投票によって選ばれます。2022年度の表彰では、Ambassadors は12人、SAMURAIは2人選出されました。

「Ambassadors やSAMURAIといった肩書がつくことで、自分のしている活動に自信が持てるようになり、さらに活躍するようになります。特にSAMURAIについては、上司が指名したとか、運営メンバーが勝手に選んだとかではなく、同じクラウドに関心のある1300人のコミュニティメンバーからの投票によって選ばれた、ということが非常に大きなモチベーションにつながっていると思います」

Ambassadors やSAMURAIに選ばれると、人事的にも評価されやすくなったりするのでしょうか。

「コミュニティでの評価と人事評価はいまは全く関係がありません。最初は紐付けようとしたのですが、そんなことをしていたらスタートするまで何年かかるか分かったものじゃない。まずはコミュニティの中から小さく早くスタートし、実績を作っていこうと考えました。こうした称号をポジティブに捉えてくれている人たちが少なからずいるのは事実ですし、今後は、こういったコミュニティでの活躍が人事評価につながっていく未来もあると信じています」

ただ、現状でも人事評価に全く関係ないかと言えば、そうでもありません。ＫＤＤＩでは、上司、部下、同僚、他部署の社員など複数が一人を評価する「３６０度評価」を取り入れています。高いスキルとノウハウを有し、カジュアルに相談に乗ってくれるAmbassadorsやＳＡＭＵＲＡＩは、当然、周囲からの評価も高いのです。

「実は、『人事評価につながらないなら称号を作っても意味がない』と言う人もいました。しかし、この制度が目指しているのは、優秀で活発に活動をしている社員に、影響力を持つ肩書を作ってあげることなんです。AmbassadorsやＳＡＭＵＲＡＩに選ばれる人は、もともと部内では評価されていました。それが表彰制度を通じて全社からも認知され、頼られるようにもなった。『あの人みたいになりたい』といったように憧れの存在となることは、社員のキャリア形成にも良い影響があると思いますし、周囲から尊敬されることで、本人の帰属意識も高まっていると思います」

③コミュニティもログが大事

ブログなどでコミュニティの活動履歴（ログ）を残していくことも重要だといいます。

「私が運営メンバーに口酸っぱく言っていたのは、活動するたびに必ず苗を植えろ、ということです。最初は誰も見てくれなかったとしても、植え続けていれば、どこかでバーンと跳ねたとき、『一年前からやっているので、これを見てください』と言えます。こうなれば、初期から参加しているメンバーは自慢できるようになる。『俺、1回目からいるんだぜ』といえる古参メンバーは、運営とは別の後押しをコミュニティに与えてくれる存在になります」

ログの置き場所も重要です。

「最初はかっこよく見せられるという理由で、社外のブログサービスを使っていました。でも、全然アクセスされなかったんです。アクセス経路のことを何も考えていなかったのです。いろいろ試行錯誤の末にたどりついたのは、社内の検索エンジンに引っかかる場所に置く、ということ。情報を広めたいのであれば、たとえ見た目が悪くともアクセスしやすい場所にあることが、最も重要だと再認識することになりました」

④社内ポータルサイトをハックする

社内の検索エンジンに引っかかる場所とは？

「社内ポータルサイトです。社内ポータルサイトって普段意識して見ることは少ないかもしれませんが、思ったよりも多くの人が閲覧しているんですよ。当社だと検索エンジンのクローラーがこのポータルサイト配下で動いているので、ポータルサイト内に記事を書けば横断検索に引っかかってくれるようになります。また人事異動や年末調整の時期になると、めちゃくちゃ見られるようになるので、そのときを狙って社内ポータルサイトのトップで告知することで、アクセス数が急増しました。ポータルサイトを強力なマーケティング媒体として使うイメージですかね」

社内ポータルサイトのトップは、一般社員には触れられない聖域のように見えますが、担当者に相談すると、意外とすんなり掲載してくれるケースもあるようです。

コロナ禍でコミュニティを再定義

大橋さんは、コロナ禍でコミュニティのあり方が大きく変わったといいます。

「コロナ前のコミュニティは、オフラインが基本で、オンラインでの開催はほとんどありませんでした。コミュニケーションといえば、Face to Faceが普通でしたよね。オフラインのほうが、参加者とのつながりを作るアクションにつなげやすくて、『懇親会に参加しませんか』とか『次は講演してみませんか』とか、スピード感を持ってどんどんメンバーを巻き込んでいくことができたんです」

それが、コロナ禍で一変しました。

「コミュニティがオンラインに移行した結果、メンバーの構成が大きく変わってしまったんです。オンラインの利便性もあって新たに参加してくれるメンバーは増えたものの、コロナ前にオフラインで集まっていたメンバーは徐々に減っていきました。要は、勉強会のテーマに興味を持って集まる人は増えたけれど、そのテーマで議論したり、人とつながることに興味があるメンバーは来なくなってしまったんです。最近やっとオフラインで勉強会ができるとなったときに運営メンバーが張り切って開催告知したのですが、コロナ前は120人位集まっていた勉強会に、たった4人しか応募してこなかったんです。これにはさすがにショックでした」

オフラインで人が集まらなくなったと言っても、コミュニティとしてダメになったかというと、そうではありません。集まって話そうという人が減っただけで、オンラインでは活発な意見交換が続いています。

「コロナ禍を経たコミュニティには、自分の都合の良い時間に合わせてオンラインで自由に学びたい人と、参加者同士で積極的に話すようなウェットな関係性の中で情報交換したい人の、両方が存在するんです。この両者は、参加する目的やモチベーション、スタイルが全く違う。このことに気づかず、ずっとオンライン勉強会を開催し続けていると、いつの間にか参加者数やアンケート数、評価値といった数字ばかり追いかけるようになってしまいます。それはもはやコミュニティとは呼べない。いわばテレビ番組を作っているようなものです」

大橋さんは、「ここでコミュニティのあり方を再定義するべき」と言います。

「オフライン時代から変わっていませんが、勉強会で発表されているような表に出てくる情報はきれいごと。氷山の一角でしかありません。勉強会の後の懇親会で仲良くなって初めて、本音や泥臭い話が聞けたりするんです。オフライン時代はそれが欲しくてコミュニティに参加していた人は多いはず。オンラインで一方通行のセミナー的な勉強会では、この体験を得ることができないんです」

志向の異なる2者の溝を埋めるために、KCLUGではどんな工夫をしているのでしょうか。

「勉強会ありきのコミュニティ運営をやめて、2つのパターンに分けることにしました。オンライン講義形式の会と、リアルで集まって技術情報をインタラクティブにやりとりする会です。前者は毎回たくさん集まりますが、後者は少人数になりがちです。でも、それでいいんです。そのほうが一人ひとり発言できる時間が増えます。それに、そこで話が盛り上がって『次はゲストを呼んで勉強会してみようか』となってもいいと思うんです。もともとコミュニティというのはそうやって同じ関心軸の者同士が集まる会だったはずです。勉強会がなければコミュニティをやってはいけないわけではないはず。まだ始めたばかりですが、多分これでうまくいく気がします」

コミュニティリーダーに向いている人とは

ここからはお決まりの質問。大橋さんが考える、コミュニティリーダーに必要な資質とは。

「人に興味があることですかね。KCLUGのような技術コミュニティでも、技術だけに興味がある人がリーダーを担うのは難しいと思います。同じ技術を他の人はどう捉えるんだろうとか、どう使うんだろうとか、他の人の考え方や活動に興味がないと、きっと疲れてしまうと思います」

人に興味があることは必須。ただ、コミュニティリーダーには、人を集める魅力も必要です。

「これはよく勘違いされるんですが、コミュニティリーダーはたくさんの人を集めて大騒ぎするのが好きな「パリピ」である必要はありません。それよりも、ダメなところや弱さも含めて、自分のどれだけ開示できるか。リーダーだって完璧な人間じゃないんです。コミュニティはみんなで作るものですから、なんでもできる強いリーダーが引っ張るよりも、情熱以外はまるでダメなリーダーを、みんなで支え合うほうが絶対に面白い。泥臭い運営をしているコミュニティのほうがきっと人も集まってくるんじゃないかと思います」

三島移住アンバサダーとして地域コミュニティにも挑戦

大橋さんは今、新たな挑戦を始めています。

大橋さんは、数年前に静岡県三島市に移住し、リモート勤務をしています。大橋さんには全くそんなつもりはありませんでしたが、日頃の発信やフォロワー数などを評価され、三島市の移住アンバサダーに選ばれたのです。

移住アンバサダーに就任してからは、SNSで三島の魅力を発信するほか、三島好きを集めたコミュニティを作り、酒場放浪やワーケーションツアーなどを開催しています。

「いつものメンバーだけでずっと仕事をし続けて、一つのことにずっと集中していると、どうしても思考が凝り固まってきてしまいますよね。その結果、いろいろと迷いが生じてきてしまって、自分の考えや行動は間違っているんじゃないかと思ってしまうこともあるんです。でも、いったんその輪を出て、仕事以外の人達と付き合うことで別の意見や別の視点から自分のことを顧みることができます。その結果、迷っていた気持ちを整理でき、「やっぱり自分は間違ってない」って思い直すこともあります。もし、コミュニティ活動をしていなかったとしたら、私は自分のアイデンティティを自覚できなくなってしまうかもしれません」

大橋さんにとってコミュニティは、ある人にとっての山登りやジョギングと同じように、自分と向き合う手段なのかもしれません。

事例
6

コミュニティは商談の場ではない
——New Relic「NRUG」の場合

瀬戸島 敏宏 氏
会澤　康二 氏

New Relic 株式会社
技術統括
コンサルティング部　部長
瀬戸島 敏宏 氏

コミュニティを立ち上げたのは自然な流れ

アプリケーションの性能管理を実現するプラットフォーム「New Relic」。アプリ開発者を中心に支持され、国内では既に16000名以上（Free Tier を除く）に利用されています（2023年2月現在）。

New Relic のユーザーコミュニティ「NRUG（New Relic User Group）」、通称NRUG（ヌルグ）が立ち上がったのは、2021年9月のことです。発起人である同社の瀬戸島敏宏さんは、「New Relic は、エンジニアに愛され、育ててもらってきたプロダクト。コミュニティを立ち上げるのは自然な流れだった」と語ります。

「コミュニティをやるか、やらないかで悩んだことは全くないです。た

だ、始めるタイミングと仕掛けをきちんと考えなければと思っていました」（瀬戸島さん）

ユーザーコミュニティの始め方

①ユーザーコミュニティを始めるには、タイミングがある

ユーザーコミュニティを始めるのには、タイミングがあるのでしょうか。New Relicは、エンタープライズ企業の導入が増えてきたタイミングでコミュニティを立ち上げ、日本市場での存在感を示しました。

「実は、日本法人が立ち上がったばかりの頃、New Relicのユーザーは、Webサービスやゲームなど、デジタルネイティブな企業ばかりでした。その状態でビジネスパートナーを募っても、なかなか手を上げてはくれませんよね」（瀬戸島さん）

最初に尖ったエンジニアの間で火がつき、徐々にエンタープライズ企業にも普及していく――この流れは、新しいＩＴサービス全般に言えることかもしれません。特に、New Relicのようなクラウドサービスの場合、エンジニアは誰の手を借りるでもなく簡単に使い始めてしまいます。言葉を選ばずに言えば、パートナー企業のサポートを要するエンタープライズ企業での導入が見込めない限り、ビジネスパートナーになるメリットがないのです。

とはいえ、瀬戸島さんには全くそんなつもりはなかったようで……。

「私はもっと早くユーザーコミュニティを立ち上げたかったのですが、上司やマーケティングメンバーに『まだ早い』とアドバイスをもらっていました。エンタープライズコミュニティに知見のあるメンバーが多く、ユーザー側が盛り上がるタイミングに合わせる大事さを肌感覚で分かっていたのかもしれません」（瀬戸島さん）

②ユーザーコミュニティを始めるのに企画書はいらない

New Relicのコミュニティは、ないもの尽くしです。まずは上司の首を縦に振らせるための企画書。ユーザーコミュニティの必要性はもともと社内の共通認識としてありました。ですから、良きタイミングに「やりましょう」という言葉だけでスタートを切れたのだそうです。

入会前にNDA（秘密保持契約）を締結する必要もありません。コミュニティのSlackはフルオープンで、誰でも入れるようにしています。[注1] 徐々にユーザー同士のキャッチボールも始まっています。

「一人のユーザーがSlackで技術的な質問をすると、別のユーザーが答えてくれるというものです。少しずつですが、理想の姿に近づいてきました」（瀬戸島さん）

コミュニティの登録者数やアクティブ会員数といったKPIもありません。

注1　SlackのURLは　https://shorturl.at/mLQR4　になります。なお、ログインにはSlackのアカウントが必要になります。

「実は、コミュニティの運営は既にユーザー企業の幹事の皆さんにお任せしています。New Relic側では、誰がどのイベントに来てくれたとかいった情報を全く把握していないんです。それに、本業で成果を上げていれば、コミュニティについては特に何も言われません」(瀬戸島さん)

初めてのミートアップは、コケたらヤバい

「でも、盛り上げるための仕掛けについては何度も話し合いました。『最初のミートアップはどうする?』とか『トップエンジニアやパートナーの表彰なんかもやりたいね』とか、やりたいことのリストを作ってきました」(瀬戸島さん)

特に、初回のミートアップは、オンラインでも盛り上がりがしっかり伝わるよう準備したと言います。

「とにかく初回でコケたらヤバいということで、ユーザーの皆さんがちゃんと参加してくれるよう、めちゃくちゃ声をかけました。LTは、募集制にしつつ、既にNew Relicをヘビーに使っていただいているユーザーさまへ事前にお声がけもしました。」(瀬戸島さん)

幹事の探し方

初回のミートアップには、盛り上がりの演出に加えて、アンケートも準備しました。アンケートの中ではコ

ミュニティ幹事の希望者も募りました。幹事になると、次の企画を考えるところからコミュニティの運営まですべて担うことになります。

「ミートアップ後の懇親会では、参加者を複数のブレイクアウトルームに分けて交流できるようにしました。各ブレイクアウトルームに必ず一人New Relicの社員を配置し、フォローできる準備をしましたが杞憂でした」

「事後アンケート結果では『幹事に興味あり』と回答いただいた方が何人かいらっしゃいましたので、その方にはこちらからお願いして幹事になっていただきました。結果、エンタープライズの中でもかなりコミュニティ慣れしているメンバーが集って、今は幹事の皆さんが中心となってコミュニティを運営しています」（瀬戸島さん）

それからわずか一年後、瀬戸島さんをはじめNew Relicの社員の関与は、二週間に一度の幹事ミーティングにたまに顔を出すくらいにまで減りました。現在は、ほぼユーザーだけで自走していると言います。

コミュニティは商談の場ではない

①「コミュニティってなんぼ儲かります？」

New Relicの社内において、ユーザーコミュニティはどんな存在なのでしょうか。瀬戸島さんとともにコミュニティの立ち上げに携わった会澤康二さんは、「New Relicラバーのための場所」だと語ります。

New Relic株式会社
技術統括
コンサルティング部
会澤 康二 氏

「やはりエンジニアが使うツールなので、社内では、コミュニティを通してエンジニアが使いたくなるような世界観をつくりたいと考えている人が圧倒的に多いんです」（会澤さん）

「コミュニティって売れるの？」と言ってくる営業やマーケターはいないのでしょうか。

「コミュニティを立ち上げた当初は、アップセルにつながるか否かという観点で見ていたメンバーもいましたが、一年かけて変わりましたね。今では『コミュニティは商談の場ではない』が社内の共通認識となっています。New Relicからメッセージを発信する場合も、商売っ気なく純粋に技術情報を提供しています」（会澤さん）

なぜ一年で認識を改めることができたのでしょうか。

「New Relic はサブスク型のサービスなので、チャーン（解約）のリスクがあります。チャーンを防ぐには、プロダクト品質はもちろん、お客さまとの距離感や関係性も重要です。はじめは新規顧客獲得のために頑張る必要がありますが、お客さまが増えてきたら、大事に育てていくフェーズに移ります。そのタイミングとコミュニティが社内で認知されてきたタイミングがちょうど一致していたのです」（会澤さん）

今では、営業もミートアップの録画を見て技術情報をキャッチアップしているといいます。

②商談でユーザーコミュニティの存在をアピールしたほうが良い場合

ただ、商談の場でコミュニティの存在が、悩んでいるユーザーの背中を押す場合があると言います。

「New Relic では、日本語でのサポートが充実していることを伝える資料の中に、ユーザーコミュニティを紹介するページを追加しました。コミュニティが盛り上がっているということは、導入実績が多いという安心材料になりますし、『他社はどう使っているのか知りたい』とか『横のつながりが欲しい』という要望にも応えられます。結果的に、コミュニティが営業のタッチポイントを増やすことにもつながっているようです」（瀬戸島さん）

ユーザーの中から次世代のコミュニティリーダーを生み出すには

コミュニティを継続して発展させていくには、次世代のコミュニティリーダーを発掘し、育てていく必要があります。

「今の幹事メンバーと話して、幹事はあえてあまり増やさないことにしました。たくさんいると、『私がやらなくても誰かがやってくれる』となって、自分事ではなくなってしまう可能性があるからです」（瀬戸島さん）

これを聞いて会澤さんは、何か心当たりがある様子。

「私は別のコミュニティも運営しているのですが、幹事を増やし過ぎて、みんながボールをお見合いするようになってしまった時期がありました。加えて、今まで積極的に活動していたメンバーがフェードアウトし、〝次世代をどうするか問題〟に直面したことがあるので、瀬戸島さんの話にドキッとしましたね。いざそうなってからでは手の施しようがない可能性もあります」（会澤さん）

エンプラコミュニティLT枯渇問題

「この人に話してもらいたいと思ったら、『ＬＴしませんか』と背中を押し続けるしかありません。最初のきっかけは、自発的ではなく、誰かにお願いされて仕方なく『やるか』でもいいと思うんです」（瀬戸島さん）

お願いするとかなりの確率で、『自分はまだ人前で話せるレベルに達していません』といって断られてしまいます。

「気持ちは分かります。でも、転職なんかもそうだと思うのですが、『もっと成長してから転職しよう』と思っていると、いつまでたっても転職できませんよね。それと一緒で、結果が出てから話そうと思っていると、いつまでも話せないんです。日本では、『成し遂げてから物を言いなさい』みたいな文化もありますが、コミュニティでは、途中で『こういう志を持ってやってるぜ』と発信することで、新たな可能性が広がっていくんです。ですから、『成し遂げたことだけではなく、取り組んでいること自体に価値があるんです。それを話してくれるだけで、同じ課題を抱えている誰かの役に立ちます』と伝えています」（会澤さん）

多くの人にとって、人前で話すのは勇気のいることです。時にエンジニアコミュニティでは、ものすごいマサカリが返ってきて嫌な思いをしてしまうことがありますが、「ここでは何を言っても大丈夫」と心理的安全性を担保するのが運営側の役目です。「途中で話してもいいんだぜ」文化を浸透させることは、エンタープライズコミュニティを居心地の良い場所にするために大切な要素です。

リーダーの「想い」がコミュニティを強くする

①純粋に「楽しめる」リーダーがコミュニティを活性化させる

ここからはお決まりの質問。瀬戸島さんと会澤さんが考える、コミュニティリーダーに必要な資質とは？

「取りあえずやってみる系の人ですかね。コミュニティでよくあるのが、次回のミートアップのタイトルが決まり、『告知サイトは誰が作るんだろう』と、お互いお見合いしてしまうこと。前回の告知サイトからのコピペでもいいので『取りあえず作りました』という人がいると、それをきっかけに他のメンバーが追記して、どんどん告知サイトが出来上がっていきます。そんなふうに、様々なアクティビティのスタートを切れる人は、めちゃくちゃ重要です」（瀬戸島さん）

会澤さんは、リーダーは、純粋に「誰かの役に立ちたい」と思い、協力することを「楽しめる」ことが必須。リーダーが自己実現のためにコミュニティを利用しているのが透けて見えてしまうとコミュニティは継続的に活動することが難しくなってしまいます。

「その点、瀬戸島さんはいい意味ですごく普通なんです。何にでも合う調味料というか、水とか空気のような存在。そういう人は皆に好かれるし、人脈が広がりやすい。だからこそ、瀬戸島さんは人と人とをつなぐのが得意ですよね。コミュニティリーダーには、そういう人が向いていると思うんです」（会澤さん）

②フィードバックに耳を傾け、あり方を柔軟に変えていけるかが鍵

会澤さんは、理想は、「New Relic を使い始めたばかりの人と、何年も前から使っていた人が、時間軸を越えてフラットにコミュニケーションできるコミュニティです」とも語ってくれました。

「実は、2回目のミートアップの参加者アンケートの中に、『いい意味でもっと意識の低い会があってもいい』というコメントがあったんです。上級者ばかりがLTをしていると、しゃべるハードルがどんどん上がってしまいます。これを受け幹事メンバーを中心に話し合い、3回目は、New Relic 初心者ばかりのLT大会を開催することにしました」（瀬戸島さん）

今後の目標

ユーザーコミュニティが始まって1年半。既にユーザーによって自走している今、最後に次なる目標を聞きました。

「今後は、ユーザーコミュニティに参加しているメンバーが、それぞれの会社にノウハウを持ち帰ってNew

Relic を広めたり、パイオニアになってくれたらいいなと思います」（会澤さん）

「プロダクトの成長戦略には、SLG（Sales-Led Growth：売上主導の成長）とPLG（Product-Led Growth：製品主導の成長）があります。現状、New Relic の日本法人はSLG。つまり、営業の頭数の掛け算で売れていくという感じなんです。SLG一辺倒を脱却し、PLGの割合を増やすためには、New Relic を好きになって勝手に使っていただけるようにならないといけません。その役割をコミュニティが担えたらいいなと思います」（瀬戸島さん）

事例
7

心はCS、体はマーケター
―Asana（アサナ）「Asana Together」の場合

長橋 明子 氏

Asana Japan株式会社
コミュニティ・
マーケティンング・
プログラム・マネージャー
長橋 明子 氏

立ち上げ2年で400人 Asanaのユーザーコミュニティが順調な理由

日々のタスクからビジネスの全体像まで、仕事の可視化を実現する企業向けSaaS「Asana（アサナ）」。世界190カ国100万以上のチームで利用され、日本でも着実に導入社数を伸ばしています。その一翼を担っているのが、グローバルで約11000人以上（2023年4月時点）が参加するユーザーコミュニティ・プログラム「Asana Together」です（図3）。

日本のコミュニティマネージャーを務める長橋明子さんは、キャリアを通じてBtoBコミュニティの運営に携わってきた、言わばコミュニティのプロフェッショナル。コロナ禍の2020年8月に、日本における

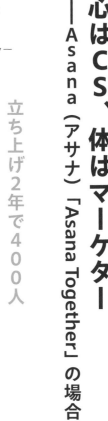

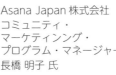

#AsanaTogetherJP
Asanaのコミュニティ “Asana Together”
asana together
asana ambassador
ワークマネジメントツール「Asana」のユーザーやエキスパート同士がつながり、共に学び、アイデアを共有し合うためのグローバルコミュニティ
Asanaを深く学び、社内・社外に広め、他のAsanaユーザーを支援したいと考える方をAsanaがサポートするメンバー制度
Asanaアンバサダーになると、正式なコミュニティメンバーとして認定
アンバサダー応募はこちら: go.asana.com/applyja
asana
2

図3　Asana Together

「Asana Together」の立ち上げ人としてＡｓａｎａにジョインし、オンラインを中心の活動ながら瞬く間に軌道に乗せました。

好調の理由について長橋さんは、「経営層からの圧倒的な理解と支援がある」と語ります。

しかし、いくら経営層が支援してくれたとしても、それだけでコミュニティを成長させることはできません。ここでは、グローバルで仕組み化されたＡｓａｎａのコミュニティマネジメントと、長橋さんの試行錯誤を聞きました。

アンバサダーが広げるＡｓａｎａの輪

「Asana Together」のメンバーになるには、二つの条件があります。まずは、Ａｓａｎａのユーザーになること。そして、Ａｓａｎａのアンバサダー制度に申し込み、20分程度のトレーニングを受け、アンバサダーに任命されることです。

アンバサダーの役割は大きく二つ。一つは、Ａｓａｎａの魅力を広く世の中に発信すること。もう一つは、社内でＡｓａｎａをさらに活用してもらえるよう、自分のチームはもちろん他部署にも広めていくことです。

「実は今、一ユーザーとして学びを深めたいからコミュニティメンバーになりたいという方も増えています。自ら積極的に広めるだけではなく、他者からＡｓａｎａについて聞かれたときに魅力を伝えられるようにしたいとか、使い方を教えてあげたいとか、そういうモチベーションを持っている方であればウェルカムです。どこに力を入れるかは、アンバサダー一人ひとりの志向やモチベーションにお任せしています」（長橋さん）

ハードルは少々高め　それでもアンバサダーが増える理由

「一度イベントに参加したらあなたはもうコミュニティメンバー」というコミュニティが多いなか、メンバーになるまでのハードルが少し高い印象の「Asana Together」。それでもアンバサダーが増えている理由はどこにあるのでしょうか。

大きな要因は、各リージョンのコミュニティマネージャーがアンバサダーを増やそうと意識して活動していることでしょう。

Ａｓａｎａは目標管理手法としてＯＫＲ（Objectives and Key Results）を採用しています。ＯＫＲは、

「Objectives（目標）」をクリアするまでの具体的な行動や成果を「Key Results（成果指標）」として設定します。長橋さんをはじめ、各リージョンのコミュニティマネージャーは、アンバサダーの増加数を「Key Results」に設定しています。２０２２年、長橋さんは「アンバサダーを１７５名増やす」を「Key Results」として活動していました。

さらに、長橋さんは、日本独自の取り組みとして、アンバサダーになるためのトレーニングの機会を増やしました。

「きっかけは、２０２２年6月に開催したイベントでした。本来トレーニングで受講する内容をセッションでお伝えし、参加してくれた皆さんをその場でアンバサダーに認定したんです。これをきっかけに、急に伸び方が変わりました。アンバサダーになった方がチームメンバーや同僚に紹介してくださって、新しいアンバサダーが自律的にどんどん増えていったんです」（長橋さん）

成果を可視化し、コミュニティを加速

長橋さんは、アンバサダーを増やす以外にも三つの

「Key Results」を設定しています。それは、コミュニティメンバーのエンゲージメント率、製品利用率の向上、そして、大規模クライアント内でアンバサダーを増やすというビジネスの成果に直結するものです。

長橋さんは、コミュニティマネージャーとして複数のベンダーを渡り歩く中で、「コミュニティとビジネスの成果を結びつけることが常に課題だった」と振り返ります。コミュニティ自体は活発で、KPIを達成しているにも関わらず、業績悪化や経営陣の交代などを機に活動停止を余儀なくされ、長橋さん自身、職を失うという経験もしました。

「コミュニティの盛り上がりは誰もが認めてくれたのですが、経営層をはじめ意思決定者に『会社にとって絶対不可欠な存在』『投資し続ける価値がある取り組み』と認知させることはできなかったのです。コミュニティメンバーのエンゲージメント率の高さや、サービス解約率の低さなど、コミュニティの影響力を分かりやすく説明しようとはしたものの、社内を前のめりにできていたかというと、そうは上手くいきませんでした」（長橋さん）

長橋さんが「Asanaは非常に恵まれている」と語るのは、コミュニティの存在意義が説明不要なレベルで社内に浸透しきっているから。コミュニティがビジネスに及ぼす影響を測ることにも積極的で、コミュニティメンバーの製品利用率やサービス解約率をダッシュボードで可視化しています。ここから見えてくるのは、Asanaがコミュニティを通じてユーザーの声を吸い上げ、製品の開発・改善、さらにはカスタマーサクセスに生かすという、ＢｔｏＢコミュニティの理想を体現していることです。

「事実、アンバサダーがいる会社のほうが、製品利用率が高く、サービス解約率が低いのです。そうなると、営業やカスタマーサクセスのメンバーも、『アンバサダーを増やそう』『コミュニティを盛り上げよう』となりますよね。アンバサダーの増加数やイベント参加率といったコミュニティの数字をビジネスの言葉に変換すると、エンゲージメント率や製品利用率、サービス解約率などとなります。社内のコミュニケーションでは、相手の関心に合わせて説明すること、ビジネスの目標に紐付けてあげること、この2点をすごく大切にしています」（長橋さん）

日本のコミュニティのエンゲージメントの高さは〝異常〟

Ａｓａｎａでは、各リージョンにいるコミュニティマネージャー同士の情報交換も盛んに行われています。その中でしばしば話題に上るのが、「日本のコミュニティメンバーのエンゲージメントが突出して高い」ということです。

「アンバサダーの皆さんの様々な活動をスコア化し、エンゲージメント率として可視化したところ、日本は他のリージョンと比べて非常に高く、半分以上の方が、月に何かしら活動してくれていることが分かりました。今のところ最もエンゲージメントが高まるのは、イベントを実施した月です。イベントがなかった月は少し下がる。つまり、イベントが一つ行動を起こすきっかけになるようです」（長橋さん）

また、日本のユーザーはコミュニティ活動への貢献度も突出して高いのだとか。

「日本のユーザーコミュニティって、メンバーの皆さんが自発的にイベントを開催したり、新しい企画を考えてくれたりしますよね。それが、他のリージョンのコミュニティマネージャーからすると全く理解できないみたいで、『ユーザーなのに、何故そこまでしてくれるんだ?』って。海外では、ビジネスコンサルタントの方がビジネス目的でイベントを開催しても、なかなか継続的に開催されなかったり、他のメンバーに波及しなかったりと、日本ほどは自主的なイベント開催が多くないと聞きます。」（長橋さん）

長橋さんによれば、日本はイベントの歩留まりも非常に高く、他のリージョンが平均4～5割、低いときは3割以下なのに対し、日本は7～8割が参加してくれるのだそうです

「イベントに申し込んだからには参加しなければ」という律儀な国民性が奏功していると結論づけるのは簡単ですが、長橋さんは、コミュニティ立ち上げ期に手間を惜しまず、たくさんのユーザーと会っていたといいます。

「Ａｓａｎａを初期の頃から使ってくださっているアンバサダーの皆さんに１ｏｎ１をお願いし、どう使っているのか、なぜアンバサダーとして活動してくださっているのか、全員と1時間ほど話をさせていただきま

図4　イベントにて

した。すると、皆さんに共通する課題や関心事が見えてきました。そこから、その方の関心に合わせて、『こういうイベントを開催するので講演してみませんか?』とか『どんな企画があったらうれしいですか?』といったコミュニケーションを重ねていきました（図4）」（長橋さん）

アンバサダー限定でネットワーキングを開催したこともあったと言います。

「１ｏｎ１をしていると、この方とこの方が出会ったら面白いことになりそうだとひらめいたりするんですよね。そういう意味でも、最初にたくさんのユーザーの皆さんとお話しできて良かったと思っています」（長橋さん）

新たにアンバサダーとなったメンバーには、手書きのメッセージを添えて、Ａｓａｎａのバッジやステッカーといったノベルティをプレゼントしているそうです。厳選したお菓子も送ることもあり、「美味しいお菓子にめちゃくちゃ詳しく

なりました」（長橋さん）

長橋さんは、さらに興味深いことを教えてくれました。

「日本ではITエンジニアを中心によく開催されているミートアップですが、日本ではプレゼンテーションがあり、その後懇親会が開かれるのが一般的ですよね。海外では、プレゼンテーションではなく、最初からネットワーキングの場となっています。お題を決めて、それについてみんなで話しましょうというイメージです。LT（ライトニングトーク）も聞いたことがありません。もしかすると、日本のコミュニティは、独自の進化を遂げているのかもしれません」（長橋さん）

心はカスタマーサクセス、体はマーケター

ここからはお決まりの質問。長橋さんが考える、コミュニティリーダーに必要な資質とは？

「共感力と調整力でしょうか。コミュニティマネージャーって、よくスナックのママに例えられますよね。その場にいるお客さん一人ひとりと向き合いながら全体を俯瞰し、人と人とをつないだり、揉め事が起きそうなら大きくならないうちに対処したりして、心地よい空間を作っていく。確かにちょっと似ていますが、よく考えたら特殊能力ですよね（笑）。向いている人のほうが少ないのかもしれません」（長橋さん）

さらに長橋さんは、「コミュニティマネージャーはメンバー一人ひとりと信頼関係を築くだけではなく、スケールする方法を探っていく必要がある」と言います。

「私はよく『心はカスタマーサクセス、体はマーケター』と言っています。心は目の前の人と向き合い、その人とともに走っていくのですが、その際に、スケーラブルなやり方を選びます。例えば、あるメンバーが課題を抱えているとします。当然私はその人のために動くのですが、コミュニティには同じ課題を持っている人が他にもたくさんいます。今度こういうイベントを開催したら１００人中何人に響くかなと。具体的には、コミュニティメンバーを抱えている課題ごとにカテゴライズし、この人たちの課題を解決するにはこんなイベントが必要だといったように整理して、『特定の人』ではなく『特定の層』に届くマーケティングとして実行していくのです」（長橋さん）

長橋さんは、２０２２年４月から早稲田大学 大学院経営管理研究科（ＭＢＡ）に通い、経営学を学びながら、コミュニティがもたらすビジネスインパクトについて研究しています。

「コミュニティの成果を経営目標に結びつけるにはどうしたらいいのか、きちんと体系化、言語化できるようになりたいのです。コミュニティの価値をアカデミックな観点からも裏付けることができれば、今度こそ『コミュニティはあってもなくてもいい』ではなく、『絶対に必要不可欠のものなんだ』と主体性を持って取り組んでくれる経営層、意思決定者が増えるのではないかと思っています」（長橋さん）

既にクラウドやＳａａＳの領域では、ユーザーコミュニティの存在意義に異を唱える人はほとんどいないでしょう。しかし、多くの業界ではコミュニティという存在、選択肢があることすら認知されておらず、参加したことがある経営者も少ないのではないでしょうか。長橋さんはこうした現状を変えたいと言います。

「言いっぱなしにならないように頑張ります（笑）」（長橋さん）

第6章

Jagu'e'r エヴァンジェリストかく語りき《座談会》

Google Cloud Japanの公式ユーザー会であるJagu'e'rでは、エヴァンジェリスト認定制度を設けています。コミュニティのメンバーの中から特に貢献度の高い数名をエヴァンジェリスト（＝伝道師）として任命していく仕組みです。エヴァンジェリストはJagu'e'r全体の活性化や課題解決などを率先して実施していきます。今回の書籍化を機に、エヴァンジェリストの秋元氏、家壽田《けすだ》氏、増森氏、又吉氏、村田氏を招き、コミュニティやJagu'e'rに対する「想い」をオンライン座談会の中で語っていただきました。ここでは、その一部を編集・掲載します（編集部）。

〈エヴァンジェリスト（五十音順）〉

秋元 良太 氏（アクセンチュア株式会社）

家壽田 雅史 氏（ゼロバンク・デザインファクトリー株式会社）

増森 聡明 氏（システムックス株式会社）

又吉 佑樹 氏（株式会社 G-gen）

村田 靖拓 氏（フューチャーアーキテクト株式会社）

〈司会〉

酒井 真弓 氏・黒須 義一 氏

6.1 「エヴァンジェリスト」への道

酒井 では、最初の質問ですが、皆さんエヴァンジェリストになってみて、どうですか？皆さんはどういう経緯でJagu'e'rのエヴァンジェリストになられたのですか？

秋元 「自分が所属する以外の分科会の様子がよくわからない」などのような、今までJagu'e'rの中で課題を感じていた部分へ取り組むときに、エヴァンジェリストという役割のおかげで、周囲へ説明しやすくなりました。もともとJagu'e'rはボランティアベースであり、誰でもコミュニティを盛り上げるために貢献できますが、エヴァンジェリストになったことでJagu'e'r全体に対するアクションが取りやすくなりました。僕はいくつかの分科会でリーダーをやっているので、中の熱量はわかるんです。でも他の人からすれば、その盛り上がりは見えづらい。その様子をうまく伝えられる役目でもあり、よかったなと思っています。

酒井 ありがとうございます。Jagu'e'rのエヴァンジェリスト制度について、少し補足させていただくと、私は「アンバサダー」[注1]という役目を担っています。ただし役割的にJagu'e'rのコミュニティの中の活性化みたいなところに、そこまで寄与できていないと感じていました。そこをエヴァンジェリストの方々に担っていただき、発信をしていただくと、活性化が進みますよね。初めは立候補だったような？

注1 アンバサダーについては、第3章を参照してください。

増森　最初、秋元さんがやりたいって言い始めて、私がピタッと食いついた次第です。その後、村田さん、又吉さん、家壽田さんに入っていただきました。

秋元　そもそも「人と人をつなげるとか、出会いを通して人を変えられるようなことをやりたいんです」って、僕が黒須さんたちとふわっと話をしていたのですね。そういう活動に、僕自身は一番の魅力を感じていたわけです。すると、黒須さんの方から「それは、エヴァンジェリストとして活動をするってことなんじゃないの？」という提案があったんです。じゃあ作りましょうとなり、制度になりました。

秋元 良太 氏

酒井　増森さんが加わったという経緯は？

秋元　増森さんは黒須さんからの推薦でもあるのですよ。「西の増森を入れて」ということで。

増森　何かその話ありましたよね。東の秋元、西の増森でみたいな……。

秋元　その後、「秋元さん、他に誰がいいと思う？」となりまして、ざっと見渡して、又吉さん、村田さんにお声がけさせていただきました。また、家壽田さんにも福岡から盛り上げてもらいたいということで声をかけました。

酒井　いろんな地域からメンバーを集めましょう、っていう感じで、今のエヴァンジェリストが集まってきたわけですね。

増森　多様性を意識したところはあります。業界とか年齢とか、地域とか。それができるだけ偏らないようにしたかった。ユーザー企業とパートナー企業がそれぞれ半々ぐらいいるのがJagu'e'rというコミュニティですから。例えば家壽田さんや私はユーザー企業側の人間ですし。そこにパートナー、外資、内資を含めて入れていこうっていうところは意識しました。

酒井　又吉さんの経緯は？

増森 聡明 氏

又吉　お誘いいただいた時、非常にうれしかったです。僕自身Jagu'e'rで人生変わったなって思えるので。そして、いろんな人にJagu'e'rやコミュニティというものの良さを伝えていきたいっていう思いもあったので、「エヴァンジェリスト」という称号が僕の中でマッチしました。

酒井　村田さんはどういう経緯でしたか？

村田　私自身が、もっとJagu'e'rに関わりたいという熱量が上がっていて、そこにマッチしたんじゃないかなと、今振り返ると思っています。このお誘い、確かメールだったかなと思いますが、即答で「ぜひお願いします」と返しました。

酒井　家壽田さんはどういう経緯で?

家壽田　黒須さんからのお誘いのメールが入っていて、「何で僕?」と思いました。でも、うちの会社もいろいろな事業が軌道に乗り始めたり、基盤作りも安定してきた時期で、そろそろ外に打って出ようかと考えていたところだった。私「ゼロバンク・デザインファクトリー」という会社にいますけれども、たぶん会社の名前を知っている人、少ないんですよね。なので、会社の名前をいろんな人に知ってもらうためにも、こういうコミュニティに参加することは重要なことだという風に考えたわけです。そして「やりますよ」と社内で宣言もして、参加する流れになりました。

又吉 佑樹 氏

6.2 エヴァンジェリストとしての活動

酒井　エヴァンジェリストとして、皆さんが新しく始めた活動はありますか。

増森　jThanks制度[注2]とかはエヴァンジェリストとしての一番最初の活動です。

酒井　どういう風に実装していったのですか?

増森　「企業カルチャーとイノベーションを考える分科会」で、アイディアが出たんです。

酒井　もともとはGoogleの文化ですよね。

増森　そうですね。「Googleの文化っていいよね」という話をしていて、その中の「gThanks」という仕組みに注目したんです。メンバー間で感謝を伝え合う一種のアワードなんですが、Jagu'e'rで同じようなことをできないのかな、みたいなところが始まりです。

家壽田 雅史 氏

注2　コミュニティ活動の中で、何らかの活躍をしてくれたメンバーに対して感謝の念を伝える仕組み（第4章参照）。

酒井　他にはメディア発信とかも始められましたよね。

村田　ＳＮＳ発信を各自、精力的にするようになりましたね。

増森　内部で閉じているだけではなく、外部にも情報発信をしていくことは重要かと思います。

酒井　そういえば、会員数が爆増してますよね。これもエヴァンジェリスト効果？

黒須　そうですね。最近は、誰々さんに誘われたからみたいなのが多いです。人が人を誘うっていう、良いループができてきていると感じます。他にも、直近は分科会同士のコラボイベントが増えていますよね。エヴァンジェリストがハブとなって、コミュニティの中で分科会横断の交流が活発になりました。

6.3 コミュニティと企業活動の関係

酒井　ここで、少し聞いてみたいのが、コミュニティと企業活動、いわゆる本業との関係です。皆さんがコミュニティ活動にコミットしていく中で、企業活動との関係性ですごくいい影響を与えているのか、実は配分が難しくて……というのがあるのか、率直なところをお話しいただけますか。

家壽田　はい。業務に支障さえ出ていなければ基本的にはオッケーであると思ってはいます。忙しくなったら、例えば、うちの会社の場合だと銀行システムなんで、障害などの可能性で、ATMの前でお金を下ろせないお客さんが大勢出てますっていう状況の中で、「コミュニティ活動を一生懸命やっているんで、障害は知りません」とは、当然ながら言えません。

Jagu'e'rの場合、Slack上でコミュニケーションを取っており、鮮度の高い情報が突然舞い込んできたりすることが多々あります。そういう場合は、いち早く社内にフィードバックできるので、逆に仕事のサイクル的にもよかったり円滑になったりします。これは侮れないですね。

黒須　本業にいい効果が出たというエピソードを何か聞かせてもらえるとうれしいです。

又吉　最近のStudy Jam by Jagu'e'r[注3]では、私の所属するG-genは会社全体で参加していいます。結果、非常にいい成績を残せました。それを見て、他の企業から「G-genさんはすごいね！」と評価してもらえたのが、やっていてよかったなって思えた瞬間ですね。

黒須　今回のStudy Jamでは、G-genが1位、2位、3位を独占していますからね。

増森　実は私、Cloudってそんなに知らないところから入ったんですけど、一年間活動しているだけでGoogle Cloud、あるいはそれ以外に関しても、自分の中にいつの間にかノウハウがかなり溜まっていて、話についていけるようになったみたいなところはあります。これは、大きなメリットですね。その辺のノウハウは本業にも展開できるようになり、新たな気づきがありました。

酒井　秋元さんと増森さんは、Jagu'e'rアワードで最優秀賞を受賞されたじゃないですか。社内で、何かいい影響ありました？

秋元　僕が所属しているアクセンチュアという会社はいろいろなことをやっていてデータドリブンなビジネス変革を支援するコンサルタントですが、マーケティング領域にも興味を持っています。今後、顧客の体験をデザインするのにデータを使ってやるとなった時に、これまでJagu'e'rで学んだGoogle Cloudの基盤やＡＩに関

村田 靖拓 氏

注3　ユーザーとパートナーが一緒になり、クラウドスキルと認定資格の獲得を目指すイベント。

する知見、あるいは活動の実績が、俄然本業でもフル活用できると考えています。

村田　テック（技術系）じゃないですけれども、Jagu'e'rで得た知見を会社の中で広めることは、結構できているなと思っています。社内的にはCCoE[注4]の立場にあります。そして、もう一方で企業のカルチャーをもっとよくしていこうというところが、自分の今の本業なんですね。Jagu'e'rには「CCoE研究分科会」と「企業カルチャーとイノベーションを考える分科会」というのがあって、ここがまさに、本業で取り掛かっているところに近いんです。テクノロジーというよりも、考え方とかいろいろな視点をたくさんもらえるんですよ。他社の場合はこうだよねっていうのを自然に教えてもらえる。で、いろんな引き出しをもらった上で社内にフィードバックすると、「村田、結構いい引き出し持ってんじゃん」みたいに周囲から評価される。こうなると当然、プレゼンス向上にもだいぶ影響してきます。

注4　Cloud Center of Excellenceの略称。企業の中で、クラウド利活用を推進する機能や部門を指す。その活動範囲は部門間の連携やガバナンス構築、人材育成など多岐にわたる。

6.4 盛り上げるためにやっていること

酒井　では次に、自分が関わっているコミュニティで、何か盛り上げるためにやっていることはありますか？

秋元　Slackで流れてきたコメントには、少なくとも5個ぐらいリアクションを付けるようにはしています。

酒井　どういう原体験があってそういうことをしているんですか？

秋元　初めてJagu'e'rに入った時に、すごくおもてなしいただいたのが原体験ですかね。スルーされるのって、やっぱり一番怖いじゃないですか。そういう意味で、ちゃんと何かしら受け入れてもらえたっていう感覚を、メンバーに持ってもらえるようにはしたいなと。

家壽田　リアクションは本当に大事です！　挨拶をするのと一緒ですね。

酒井　Slackに投稿する内容はJagu'e'rとかGoogle Cloudとかに、関係しないものでもいいんですよね？

家壽田　そもそも普段から会社では、雑談せずに仕事のことばかり話しているのかといったら、そうじゃないですよね。むしろ、雑談を交えて人と人との関係の上でいい仕事ができ、お互い得るものが出てくるということかなという風に考えています。

増森　プラスの方向に好循環のループを回すことを意識しています。ボランティアなので、周囲の人のモチベーションとか提案を大事にするっていうのが、重要かなと思っています。多様性をきちんと受け入れ、自分とは違う価値観に出会ったら、むしろそれをチャンスと捉える、その人のいいところを探して自分のものにする、といったあたりをかなり意識しています。

村田　「楽しそうに踊る」みたいなところは、意識的にやっています。だって、やっている人が楽しそうじゃなかったら「この人に付いていってみよう」なんて絶対思わないじゃないですか。というのも、秋元さんがめちゃめちゃ底抜けに楽しそうなんですよね。こんな風に楽しんでいる人の近くにいると、自分もきっとこのコミュニティをより楽しめるのではないかって、感覚的に思うんですよ。

増森　ほんと、秋元さんの近くを通ると、マイナスイオンならぬ、プラスイオンを感じますよね。

又吉　僕も、自分が一番楽しいと思えるイベントを企画するようにしています。今回のStudy Jam by Jagu'e'rも、企画運営させてもらったんですけれども、仕事が忙しくて実はあまりバッジ（後述の「メモ

Cloud Study Jam プログラムおよび Google Cloud スキルバッジとは」を参照）を取得できませんでした。でも、最後の一週間でそんな僕が資格を二個取れたら、これにあやかってみんなどんどん取ってくれないだろうかというのがひらめいたんです。「これ面白そう」って。自分へのプレッシャーもかけてやってみようと思って、マジで勉強したら、一週間で二つ資格を取ることができましたよ。

又吉 佑樹 氏

メモ

Cloud Study Jam プログラムおよび Google Cloud スキルバッジとは

Cloud Study Jam プログラムは、Google Cloud のプロダクトやサービスに応じて開催され、デジタルマーケティング活動においても優位性の高い専門的な知識を、実際に Google Cloud を使用してハンズオンで学ぶことができる学習プログラムです。また Google Cloud スキルバッジは、Google Cloud の製品やサービスに関する個人のクラウド運用能力を認定する、Google Cloud 発行のデジタルバッジです。Cloud Skills Boost（旧 Qwiklabs）学習プラットフォームを通じて一連のハンズオンラボを修了し、学習者のスキルがテストされる最終評価チャレンジラボを完了することで獲得できます。

6.5 コミュニティ、何で好きなの？

酒井　次に「コミュニティ、何で好きなの？」というところを教えてほしいのですが。

増森　やっぱり一番は同じ趣味の人、仕事の人と話せることかなって思います。個人的に好きなものがあって、それを共有できる場ってみんな欲しいのですよ。それっていろいろあると思うんですけど、私はそのうちの一つがやっぱりここかなと思っています。クラウドテクノロジー、あるいはもっと全般的なテクノロジーの話を、同じ言語を理解できる人たちで話せるっていうところが一番好きですね。

増森 聡明 氏

村田　この熱量みたいなところはすごく自分が欲しているところだし、いいなと思っているポイントです。やはりコミュニティに参画をして、同じコンテキストの仲間を探したい人たちって結構ベクトルが近いのかなと思っているので、そういう場で仲間を見つけられるというのは、自分がコミュニティを好きなポイントかなという風に考えています。

家壽田　率直に言えば、仕事に役立つ情報がそこにあるからです。自分や周りの人が困っていることがあったとして、それを解決した人がそこにいるからです。
あとは、コミュニティの中にいると、自分の立ち位置みたいなのがよくわかるとも思っているんです。会社の中に閉じこもっていると、会社の中でのヒエラルキー上の現在位置しか見えないじゃないですか。

秋元　Jagu'e'rの人たちが素敵なんですよ！　Jagu'e'rには熱量の高い人、何かそういう前向きなモチベーションの高い人たちが、たくさんいて盛り上げてくれますよね。そういう現場を見るとやっぱりハマっちゃうんですよ。この熱量があれば、ここから変えていけるんだろうなっていうような、何かすごく未来を感じます。そんな場所の中にいられるということは、すごくエキサイティングなんですよね。

秋元 良太 氏

6.6 盛り上がりに欠けるコミュニティ

酒井　ちなみに皆さんの中で、全然盛り上がっていないコミュニティに属したことがある方っていらっしゃいますか。

村田　コロナに突入して、connpassで開かれていた様々な技術系コミュニティ・イベントはリモートでただ聴講するのみでした。コロナが始まった頃で、コミュニティ側がオンラインに慣れていないこともあったのでしょう、参加者をうまく巻き込めていなく、盛り上がりはいまひとつだったと思います。仕事の片手間に、デュアルスクリーンで片方をチラ見しながら聞いてとか。でもこれはコミュニティに参加していると言えるのかっていう感じではありました。リードオンリーで、ちょっと聞くだけみたいな関わりをしてた時期が、コロナ突入直後から2年弱ぐらいはあったと思います。

増森　コミュニティって結局のところ、同じ趣味の人の集まりだから、盛り上がらないっていうことはないかなと思いますね。盛り上がっていないように見えたとしても、たぶんその人たちの文化として、静かに楽しむみたいな感じではないでしょうか。

やはり仕事色が強く出過ぎると盛り上がらなくなるんじゃないですか。例えば、何かしら課題があって、これに対して、皆さん解決してくれませんかっていう募集をかけて人が集まり、ミーティングが開催されたとしますよね。「じゃ、この課題に対して、どう思いますか?」とこられると、シーンとなっちゃったりするじゃないですか。これは、何をすればいいのかわからない以上に、まだ心理的安全性が確立されていない状況の中で、何か言ったらバカにされるんじゃないかという心理的な側面が強いからなのではないでしょうか。こういうのが「盛り上がっていないコミュニティ」と言えるんじゃないかなと思います。

村田 靖拓 氏

村田　増森さんが言ったように、たぶんどのコミュニティも盛り上がっているんですけれども、自分がそのコミュニティの盛り上がりの楽しい部分を、ちゃんと食べられているのかみたいな、そこにたどり着けているのかっていうのがポイントではないですかね。その点、Jagu'e'r は楽しむというか、盛り上がりの近くにどんどん手を伸ばしていけるパスがいろいろあるのかなと見ています。Study Jam や分科会運営への参画とか、ブログの投稿とか。

黒須　「盛り上がりの近くに、どんどん手を伸ばしていけるパスがいろいろある」……なるほど。

村田　パスがあるかないかによって、たぶん疎外感とか「コミュニティに入ってない感」っていうところから「入ってる感」に変わっていく、というのは大きく影響するんじゃないかなと思います。

酒井　じゃ、「こんなことお願いしたら迷惑かな」とは思わず、いろんなことをお願いしたりとかした方がいいんですかね？　パスっていう意味で。

村田　そうですね。自分から何か「やってみます」と言える人と言えない人、あるいは躊躇しちゃう人はやっぱりいますからね。釣り糸をポンと垂らしてみると、手元に来たら食いつく人も意外といるんじゃないかと思いますよ。

又吉　タイミングもありますね。

増森　これ、秋元さんと常々話していることなんですけど、運営側のポジションをやらせてもらっていると、同じような悩みがやっぱり出てくるんですよ、「この人忙しくないかな」とか。

6.7 仕事を回すのも単純にはいかない

秋元　僕もエヴァンジェリスト制度が立ち上がった直後ぐらいは本当に手が回らなかったのを覚えています。なので今では、新しい人の力を借りながらどんどんやってもらうことを心がけています。

黒須　役割やタスクを渡す時に、その人のためになるかどうかっていうのも考えなきゃいけないじゃないですか。ただただ、これは自分からあぶれた、面倒臭いタスクだから渡しちゃおうっていうものと、そうではなくその人の成長を考えたものの2つの面があると思うんですよ。この辺の選別って結構大変じゃないですか？

家壽田　仕事、ビジネスの中では特にそうですね。楽しそうな仕事ほど外に出して誰かにやってもらう。これ、ものすごく大事で、自分がおいしいところばっかり取って、面倒臭い固定系の仕事ばかり周りに流していると、やっぱり人は付いてこないわけです。

6.8 コミュニティに向いているのは「〇キャ」？

酒井 皆さんの主観で結構ですが、エヴァンジェリストの皆さんは「陽キャ」ですか？ それとも「陰キャ」ですか？ これはどういう意図の質問かっていうと、黒須さんもそうだし私もそうなんですけど、「陽キャ」ではないいんです。どっちかっていうと根暗なんですよ。どんなタイプがコミュニティに向いているとかってありますか？

この本を作るにあたって、いろいろなコミュニティマネージャーに話を聞くと「私は陰キャです」って言う人がほとんどなのですよ。でも、たぶんパブリックイメージとして、コミュニティマネージャーとかコミュニティリーダーって陽キャなイメージがあると思うんです。そこでちょっとギャップがあるなって感じていて。

家壽田 雅史 氏

増森 陽キャか陰キャかって言われたらド陰キャですよ。

コミュニティに向いてるキャラ自体は、どんなタイプでもオッケーかなと思っています。陰キャであっても陽キャであっても。テイクだけする人でも[注5]、オーディエンスという意味で、コミュニティのボリュームとしては重要かなと思っています。コミュニティという好意的な人の輪なので、自分の居場所が欲しいなら、貢献する姿勢は大事なのかなって思います。

注5 「ギブ＆テイク」の関係の中で、「テイク」の方しか関与しない人のこと。

又吉　僕、勉強はあまりできなかったんですけど、部活動は好きでした。部活は自分の得意分野で、輝ける場だったのです。これと同じことはコミュニティにも言えると思っています。だからそういう意味でいうと、コミュニティに向いてるキャラって特になく、得意分野に情熱を注げる人だったら誰でもなれるものなのかなと思っています。

村田　コミュニティのテーマに興味があるかどうかっていう、それだけでいいのかなと僕は思っています。その人の性格とかコミュニケーションのあり方とかは、関係ないわけではないとは思うんですけれども、テーマに興味さえあれば「向いている」と捉えてもいいのではないかと思います。

酒井　逆に、こういう人がいるとコミュニティ運営が難しくなるなというのはありますか？

増森　先ほど、ポジティブな循環ループを回すっていう話をしましたが、やっぱりそのループを壊しに来る人が出てくるとちょっと面倒だなと思います。

黒須　例えばJagu'e'rの場合だといないじゃないですか、そういう人。何か不思議だなと、今聞いていて思っていました。

増森　あれね、その組織で作り上げられちゃうんじゃないかなって思うんですよ。例えば、何か否定的なことを言う人たちって、やっぱり自分がそういう対応を社内で受けたっていう原体験があるからだと思うんですよ。

黒須　ってことは、Jagu'e'rの場合、コミュニティの文化で、そういう人は是正というか、新しい気づきを得て変わっていってくださる、ということですかね。

増森　そうですね。そうしにくい組織の作り方みたいなプラクティスが実践されているんじゃないかとも思いました。

酒井　私、今すごく腹落ちしました、この説。

6.9 プライベートやキャリアに与えた影響

酒井　次に、コミュニティでの活動がプライベートやキャリアに与える影響はありますか？

家壽田　僕はさっき言った通り、業務時間中でも普通にコミュニティ活動をするので、私生活に与える影響、時間的なところとかは、あまり大きくないです。会社から「おまえやり過ぎだ」とか言われたら、考えないといけないですけれど。

キャリアの方は、僕の実話談なんですけれど、あるエンタープライズ系のコミュニティに参加していたことがあって、そこに誘ってくれた方とたまたま同じ分科会になったんです。その付き合いで2年間ほどずっと毎月のように会っていたんですね。ある時、懇親会の場でその人から「うちに来ないか」って誘われたんですけど、「いやいやいや、そんな簡単には行けんっすよ」ってその時は断っていました。

ある時、僕が業務でブチ切れている日があって、そこにまたお誘いが来たもんだから「僕、めっちゃ高いっすよ」とかって、ふっかけたんですよ。そしたら翌日「専務に話したからレジュメ（履歴書）出してくれ」とメールが飛んできて。その後、あれよあれよという間に転職した結果、今があったりします。

こんな風に人生変わっちゃうってことは、あるとは思います。そういう意味では、僕のキャリアの中で、すごく良いインパクトを与えてくれたのがコミュニティだったたっていうことです。

又吉　僕も家壽田さんと同じく転職ですね。今の会社を知ったのがJagu'e'rですし、そもそもGoogle Cloudにのめり込もうと思ったのもJagu'e'rが契機でした。そういう意味で、コミュニティが自分のキャリアに与えた影響は大きいです。

増森　キャリアに与える影響に該当するのかわかりませんが、僕、最近偶然続けて出張に行きまくっているんですけれど、出張に行く先々で、気軽に呑みに行ける人が増えたかなというところはあります。特に、コミュニティに在籍する方の中には、すごい人もいて、そういう人たちとオフラインでフランクにお話しさせていただくと、すごく勉強になることが多いです。

さらに、社外での活動実績が自分への信頼感を得るための材料になり、いろんな提案や仕事が社内でもしやすくなることがあります。これが、キャリアに与えている影響の一つです。

あと一番声を大きくして言いたいのは、「社外にロールモデルを持てる」っていうことですね。社外で、本当にすごく突出した人たちがいるじゃないですか。そういうのを自らへの刺激、自分の見本として捉えることができる、ロールモデルとして見られる、これ、大きいですよ。

6.10 これから目指すゴールは？

酒井　では、最後の質問です。コミュニティにおいて何か自分なりのゴールはありますか？

村田　具体的なゴール設定をしているかって言われると、正直、具体的なイメージには落とせていません。ただし、継続的にコミュニティ自体が居心地のいい場であってほしいという「想い」はあります。そして、それを維持するため自分が担える役割があるなら担いたいとは考えています。

増森　社外にもロールモデルを持って吸収しているっていうところもあるので、自分も将来的にはちゃんと誰かのロールモデルとしての存在になっていきたいなと考えています。日本で働く、あるいは世界で働く様々な人にいい影響を与えて、全体を盛り上げられる。全体の盛り上げに一役買うような人間、コミュニティの中だけじゃなくて、ちゃんと外にも波及できるような人間になりたいなと思っています。

秋元　僕は、多様な人がいろいろ集まっている場が楽しいなと感じています。企業によって全然カルチャーが違うし、周りの人が違うからその人自身が持っている「当たり前」が違う。で、「当たり前」が違う人同士で話をすると、「スカッ」と空振りになったりする。「あれ、どういうこと？」みたいになったりする。こういうコミュニケーションの橋渡しみたいなところを僕は非常に面白いなと思っています。

今後、新たな人が参画してくれた際に〝面白い〟と思ってもらえるように、コミュニティの理念がしっかりと共有され、多様なバックグラウンドを持った人たちと一緒に楽しく活動ができる、そんな素敵なチームを作っていきたいです。

又吉　僕自身がJagu'e'rに入ってよかったと思っているので、やっぱりそういう人を増やしたいなって思います。なので、そういう人を1人でも多く増やせるように、Jagu'e'rであったりGoogle Cloud自体を全体的に盛り上げることができたらと考えています。

家壽田　僕は、仕事でもそうなんですけど、自分がリードしたり何かしたりしなくてもいいようにしていくというのをモットーにしています。Jagu'e'rで、今、エヴァンジェリストをやらせてもらって、いい循環を作っていこうと努力を始めていて、それ自体、僕も成長につながるので楽しいです。そして続いてくれる人を作り、その人にバトンを渡し、「僕がいなくてもこのコミュニティはちゃんと回る」という状態に持っていければ、それが僕にとってのゴールです。

酒井　本日は、皆さん長時間にわたり、どうもありがとうございました。

あとがき

コミュニティ、チームについて深く考えるようになったのは、Google Cloudに入社をした2020年のはじめのことでした。Googleカルチャーといえば豪華な社食、優秀すぎる社員、おしゃれなオフィス。入社前はそんなイメージを持っていました。

実際、このイメージはどれも間違ってはいません。ですが、それ以上にGoogleのカルチャーに衝撃を受けたのは「チームワーク」というキーワードでした。実は入社前に『How Google Works: 私たちの働き方とマネジメント』(エリック・シュミット著、日経BPマーケティング刊)を擦り切れるほど、繰り返し読みました。

そこに「イノベーションは、一人の天才ではなく、チームから生まれる」という記述があり、さらに、入社をしても何度もその言葉を聞くことになりました。入社する前までは、てっきりシリコンバレーのテックカンパニーは、Appleのスティーブ・ジョブズやGoogleの創業者であるセルゲイやラリーのような天才的で優秀な人たちが集まっていて、そうした天才がイノベーションをつくっているのだろうなと想像していたので、全く反対の言葉に驚いたことを今でも覚えています。

社員一人ひとりのスキルや才能を伸ばすことも重要だが、それ以上に、いかにチームが機能しているかが重要。実はその考え方がGoogleのあらゆるサービスにも根付いていると感じます。

そんなこんなで「チームとは?」について考えていたら、同僚の黒須さん(社内ではニックネームで呼び合っているので、以降黒須さんのニックネームであるCrossyさんと書きます）が、なんとJagu'e'rというユーザーコミュニティを立ち上げました。立ち上げ当初から、その趣旨や経緯について、Crossyさんからは社内ミーティングで聞く機会がありました。当時は、コミュニティなんてものが世の中にはあるんだな程度に考えていたのですが、あれよあれよと様々な分科会が立ち上がり、気がついたら私も「データ利活用分科会」の運営に携わっていました。

コミュニティの真価と呼べるものに本当に気がついたのは、運営に携わり始めてからです。データ利活用分科会の立ち上げ当初は、他ベンダーでコミュニティ運営の経験のあるメンバーが中心となり、基礎的な形を作り上げていました。分科会が大きくなるにつれ、どんどんユーザー企業やパートナー企業の方を巻き込み、多くの方に積極的に参画してもらい、データ利活用分科会は、Jagu'e'rの中でも大規模なコミュニティとなりました。

ミートアップの中で出てくる皆さんのエピソードには驚きと発見が多く、コミュニティを通じて、たくさんの人が心を動かされ、連帯し、そして大きなうねりとなっていくのを間近でみることができ、「これがコミュニティの力なのか！」と感動しました。

そして2021年に『DXを成功に導くクラウド活用推進ガイド CCoEベストプラクティス』（日経BP社 刊）という本をCrossyさんや本書の共同執筆の酒井真弓さんが出版をするのをみて、また一段と感動をしていました。コミュニティが立ち上がり、コミュニティ自身も大きくなりながらたくさんのナレッジが共有され、一つの共有知として書籍になる。CCoE本は単純に中身が面白いだけではなく、その成り立ちとしても面白いものだなと思っていました。「この本を配って回りたいね」とチームメンバーと話し、本をまるで自分が書いたかのように自慢して当時のお客様に配ったこともあります（笑）。

書籍の執筆なんて遠いどこかの世界の出来事だと思っていたのに、本書ではコミュニティのマスターであるCrossyさんにお誘いいただき一章だけですが担当させていただきました（第4章を執筆しました）。

Googleの良いところは「あらゆる情報をオープンにし、エコシステムに貢献していこう！」というカルチャーがあらゆる単位で根付いていることだと思いますが、Jagu'e'rを代表とするコミュニティはまさにその良さを体現しているものです。コミュニティの良さは、実際に入って体感するのが一番だと確信しています。この本がきっかけとなり、読者の皆さんもコミュニティへの参加、あるいは立ち上げの一歩を踏み出すきっかけになることを願っています。

謝辞

本書の共著を誘ってくださったCrossyさんはじめ、慣れない執筆をサポートしてくださったリックテレコムの新関卓哉さん、執筆に向けてアドバイスをくださった酒井さんに感謝申し上げます。そして、コミュニティ運営の経験が今の私を形作っているといっても過言ではありません。日頃コミュニティ運営に携わり、ノウハウを共有いただいた皆様に改めて感謝申し上げます。

2023年　春

執筆者の一人として　宮本 佳歩

著者プロフィール

●黒須 義一（くろす よしかず）

第1章、第2章、第3章を執筆

福島県出身。グーグル クラウド ジャパン合同会社 所属。Google Cloud のパートナー事業拡大に携わる傍ら、日本初となる Google Cloud の公式エンタープライズユーザー会「Jagu'e'r」を設立。同ユーザー会の発起人兼オーナー。CCoE 研究分科会長。趣味は近くの公園をちんたら走ること。

●酒井 真弓（さかい まゆみ）

第5章を執筆

情報システム部出身のノンフィクションライター。平日は広報、イベント企画、ファシリテーターなどに従事するパラレルキャリア。Jagu'e'r のアンバサダー。筋トレとジョギングが日課。好きな食べ物はかき氷とラーメン。

●宮本 佳歩（みやもと かほ）

第4章を執筆

神奈川県出身。グーグル クラウド ジャパン合同会社 所属。Google Cloud パートナーのビジネス拡大を支援しつつ、Google の人事制度を活用し、マーケティングの業務や、Woman Will ダイバーシティ&インクルージョン推進プログラムの運営に関わる。Jagu'e'r では元データ利活用分科会オーナーを担当。「企業カルチャーとイノベーションを考える分科会」の立ち上げにも携わる。趣味は暗闇バイクフィットネス。日々、黙々と暗闇で漕いでます。

成功《セイコウ》するコミュニティの作《ツク》り方《カタ》
～企業《キギョウ》の成長《セイチョウ》・変革《ヘンカク》のための実践《ジッセン》ガイド～

2023年5月31日　第1版第1刷発行

著　　者　黒須義一、酒井真弓、宮本佳歩
発 行 人　新関 卓哉
企画担当　蒲生 達佳
発 行 所　株式会社リックテレコム
〒113-0034
東京都文京区湯島3-7-7
振替　00160-0-133646
電話　03(3834)8380(代表)
URL　https://www.ric.co.jp/
装　　丁　長久雅行
編集・組版　株式会社トップスタジオ
印刷・製本　シナノ印刷株式会社
本文イラスト　仮井 将之

●訂正等

本書の記載内容には万全を期しておりますが、万一誤りや情報内容の変更が生じた場合には、当社ホームページの正誤表サイトに掲載しますので、下記よりご確認ください。

＊正誤表サイトURL

https://www.ric.co.jp/book/errata-list/1

●本書の補足サイトURL

https://www.ric.co.jp/pdfs/content/118/1375_support.pdf

●本書の内容に関するお問い合わせ

FAXまたは下記のWebサイトにて受け付けます。回答に万全を期すため、電話でのご質問にはお答えできませんのでご了承ください。

・FAX：03-3834-8043

・読者お問い合わせサイト：
https://www.ric.co.jp/book/のページから「書籍内容についてのお問い合わせ」をクリックしてください。

製本には細心の注意を払っておりますが、万一、乱丁・落丁(ページの乱れや抜け)がございましたら、当該書籍をお送りください。送料当社負担にてお取り替え致します。

ISBN 978-4-86594-375-7